圖解

台灣血緣

從基因研究解答台灣族群起源

林媽利

著

《我們流著不同的血液》全新改寫、增訂易讀版

彭明敏教授————專序推薦

目 次

輯一 圖解台灣血緣

輯二 新近分子人類學的研究

馬偕紀念醫院分子人類學研究室成員
王澤毅、賴穎慧、陳蘭蓉、陳宗賢、黃錦源
陸中衡、林媽利、尚特鳩

推薦序

　　林媽利教授是血液學的權威，在其專門的領域，有不少貢獻。最近幾年，她將研究的範圍擴大，開始從血液學的觀點研究東南亞諸民族的來源和分布。

　　從台灣人的立場來說，她最大的成就就是，以血液學的觀點，對台灣人（主要是 1945 年第二次世界大戰結束以前就已經長期定居台灣的台灣人）的血液加以分析，證明這些台灣人的血液與中國大陸上的中國人，相當不同。

　　「中國人」一名詞，原來就非科學的，而是爲政治目的所使用的，1945 年國民黨政府占領統治台灣，控制國民生活的一切，尤其教育，從幼稚園以至大學，都徹底施教「我們都是中國人」，經過長期的洗腦，絕對多數的台灣人，至今仍然相信「我們都是中國人」，惹起認同的混亂。林教授的研究，對「台灣人是中國人」的謬論，痛加一擊，徹底打破，其政治、社會、教育上的意義，既大且深。

　　她曾著書發表其科學上的重大發現，但擔心其內容過於專門，讀者看不懂，現在寫了一本較易讀的這本書。雖說「較易讀」，坦白說，也不那麼「易讀」，但對好學之士，必有很大的啓蒙。

　　做爲一個外行的台灣人，對林教授長年的辛苦研鑽，對台灣所作的偉大貢獻，表示極深的感佩和感謝。

彭明敏 2018.8.20

自序

2010 年匆促的出版了《我們流著不同的血液》，之後常常擔心部分尖端技術性的論述，讀者可能會看不懂，我對許多支持我們研究的人，硬著頭皮去唸我難懂的書，覺得汗顏，一直希望有一天我可以寫一本易懂易讀的書。

這八年來，我們檢測台灣西部及北部的沿海和平原上古老家族（三代以上居住在同一個地方）的血緣，看這些家族血緣的來源；我們也檢測一些考古遺跡發掘出來的遺骸，像台南科學園區或花蓮嶺頂的遺骸，我們從古代遺骸萃取古代的 DNA，再和現代人的 DNA 比較，看古人血緣的來源，這些都有意想不到的結果，讓我們開啓了新的研究方向及新的概念。原來我們一直相信的「台灣人主要是近 400 年以來，來自中國東南沿海移民唐山公的後代，來台後再和平埔族通婚」的想法，是需要修正的。

第一，因爲 1661 年鄭成功據台後，鄭成功父子一共帶 36,000 中國人進入台灣，1683 年鄭氏王朝被清朝打敗，在 1683-1688 年間，約有 42,000 軍民、文武官員及家眷等，全部從台灣遣送回中國。從 1683 年開始到 1760 年，清朝實施近 100 年的海禁，1760 年之後唐山公渡海來台較多應是 1820 年，尤其 1850 年後有較多的移民，爲什麼知道是 1850 年呢？因爲我們比較了平埔族、中國南方人與現在台灣人的 HLA-A, B, DRB1 單倍型（haplotype，幾個基因的組合）的基因構成，因混血可造成單倍型的基因重組，而改變原單倍型的基因組合，從重組的情形推論唐山公主要是

1850年以後來台，可估算是六代之內（輯二〈台灣人與中國南方漢人以及台灣平埔族群的血緣關係〉）。

　　第二，唐山公來台之前就居住在台灣平地的居民一般稱為平埔族。沈建德教授等根據荷蘭時期的記錄填製成的台灣平埔社的分布地圖（圖37），可看到荷蘭時期上百個用羅馬拼音記載的平埔社名，分布在台灣的西部及北部平原，顯示在荷蘭時期唐山公還沒到達之前，台灣西部、北部平原原本就有眾多的居民「平埔族」，平埔族是台灣當時主要居民，推測約有 300,000 人。從父母系血緣的研究我們發現台灣人的血緣和平埔族相似，我們印證了平埔族在清朝大量「漢化」變成閩南人、客家人的歷史，也就是大部分的台灣人是原平埔社的後代。

　　第三，近幾年我們檢測居住在台灣西部或北部沿海地區及附近平地的 400 多名居民，他們都是三代以上住在同一個地方的居民，我們檢測他們父母系血緣的來源，發現這些人的血緣和南海的越南、泰國、蘇拉威西、菲律賓，東亞及中國東南沿海的福建、廣東的居民有關，部分也和日本、韓國等東北亞人群有關，這些地方是 Solheim 研究中南島人（Nusantao）的古代海上貿易網主要的分布地區。我們檢測的這些居民，是至少三代原本居住在台灣西部及北部平原荷蘭時代平埔社的後代，由研究分析血緣的來源，我們可以推測這些住在台灣西部或北部沿海地區及附近平地的居民的祖先來源，應該是屬於古代南島人遷移的一部分，我們在這些居民中也找到許多台灣人特有的古老幾千年的 TW 血緣（輯二〈台灣沿海人群的血緣〉）。另一方面，從古代 DNA（mtDNA）的研究，我們也發現約 3,000 多年前新石器時代有從東北亞（包括西伯利亞）的血緣移入台灣（參輯二）。

第四，推測台灣人的原身「平埔族」的來源是「南島人」，2001 年我們發表的〈從 HLA 推論閩南人及客家人，所謂台灣人的來源〉，發現閩南人及客家人是屬於南亞洲人種，這也呼應南島人大部分是東南亞的族群。今日台灣主要的族群「台灣人」主要為原平埔社的後代，所以來源應該是多元的南島人，因此我們看到多元血緣的台灣人。

　　這本書不只是我的原書《我們流著不同的血液》的增訂易讀版，很高興也增加了我們研究室陸中衡的〈台灣沿海人群的血緣〉及〈雅美族人與巴丹島人〉、王澤毅的〈台灣人與中國南方漢人以及台灣平埔族群的血緣關係〉、黃錦源的〈三千年前新石器時代台灣東海岸台灣人的來源與社會結構〉及〈馬偕醫院的古代 DNA 研究〉、尚特鳩的〈父系血緣、母系血緣及組織抗原三系統的基因多樣性自台灣邵族的沒落與重生〉、賴穎慧的〈從父系血緣看台灣泰雅族及太魯閣族與東南亞鄰近地區族群間的關係〉及陳蘭蓉的〈賽夏族與台灣原住民傳說故事中的矮人們〉。

　　感謝上帝，20 多年來讓我在教會醫院的研究室，靠著有限的人力及經費，從事台灣族群的血緣研究，溯源台灣。感謝在我 80 歲時可以重新整理台灣的血緣資料，完成這本書。天佑台灣。

林媽利

寫在馬偕紀念醫院
分子人類學研究室
2018 年 7 月

圖解台灣血緣

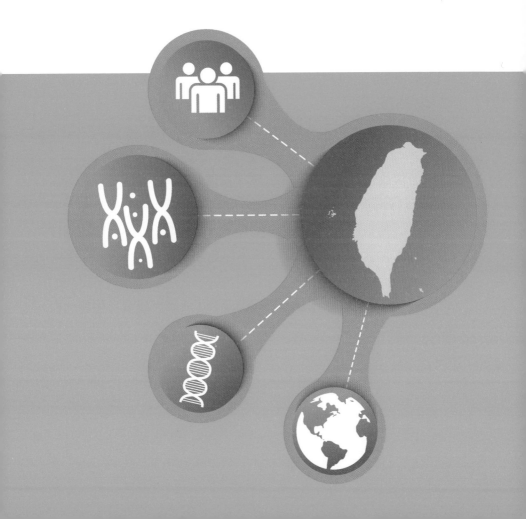

1 前言

1.1 遺傳與 DNA

● 粒線體 DNA

　　1960 年代，發現 DNA 以後，知道在細胞核之外的細胞質裡面，有一種小胞器叫做粒線體（mitochondria）（圖 1），人類的細胞包括卵細胞，裡面有上百個粒線體，粒線體裡面有 DNA。受精時只有男性的精核進去卵細胞，精子的粒線體不進去，所以每個人細胞中的粒線體是都來自媽媽，經粒線體傳遞的遺傳特徵叫做母系血緣。

　　在圖 2 我們可以看到，粒線體由媽媽傳給所有的小孩，但是兒子沒辦法傳下去，只有經過女兒傳承給後代。

　　粒線體裡面的 DNA，是一個環狀的 **DNA 序列**（圖 3），由 16569 個鹼基構成，當細胞分裂時，有時會發生錯誤的複製而造成 DNA **變異**（突變）。就像我們在串一串珠子一樣，有時候珠子應該串綠色，我們串錯了，串了白色；同樣的，在細胞複製時可能發生錯誤的複製，這時我們叫做變異，所以變異就是錯誤的複製；而變異會經過卵子的粒線體傳到下一代，變成一個新的血緣。

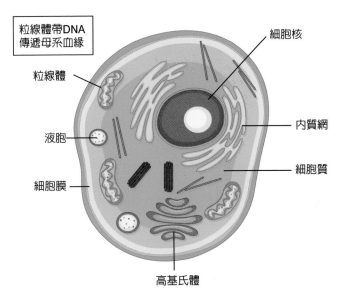

圖1：生物細胞簡圖

粒線體帶DNA
傳遞母系血緣

粒線體

液胞

細胞膜

細胞核

內質網

細胞質

高基氏體

人類細胞當中有個叫做「粒線體」的小胞器，它帶著「粒線體DNA」
（mtDNA）。mtDNA經過女性傳遞，稱之為「母系血緣」。

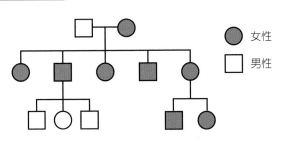

圖2：母系血緣的遺傳

女性

男性

母系血緣（紫色所示）從母親傳給下一代，但只經女兒繼續傳下去。

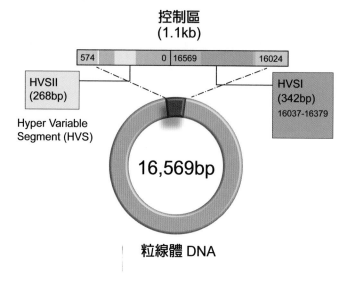

圖 3：mtDNA

控制區
(1.1kb)

| 574 | | 0 | 16569 | | 16024 |

HVSII
(268bp)

Hyper Variable
Segment (HVS)

HVSI
(342bp)
16037-16379

16,569bp

粒線體 DNA

mtDNA 全基因長 16,569 鹼基（bp），其中 1.1 kb 屬控制區（control region）的 HVS1（高變異區 -1）由 300 多個鹼基的構成，是開始母系血緣研究的地方。

DNA 序列

去氧核醣核酸（deoxyribonucleic acid，DNA）是一種長鏈聚合物，組成單位稱為核苷酸（由一個鹼基 (1)、一個醣類 (2) 與一個磷酸 (3) 形成），組成其長鏈骨架（圖 4）。DNA 序列可組成遺傳密碼，是蛋白質胺基酸序列合成的依據。

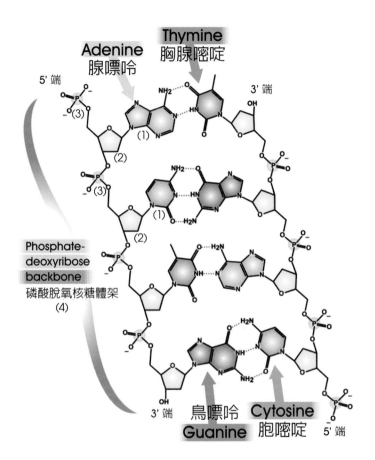

Thymine
胸腺嘧啶

Adenine
腺嘌呤

5' 端

3' 端

(3)

(1)

(2)

(3)

(1)

(2)

**Phosphate-
deoxyribose
backbone**
磷酸脫氧核糖體架
(4)

3' 端

鳥嘌呤
Guanine

Cytosine
胞嘧啶

5' 端

核鹼基（Nucleobase）在生物學上通常簡稱鹼基（base），在 DNA 和 RNA 中做為配對作用。常見的鹼基共有 5 種：胞嘧啶（C）、鳥嘌呤（G）、腺嘌呤（A）、胸腺嘧啶（T，通常為 DNA 專有）和尿嘧啶（U，通常為 RNA 專有）。

DNA 三種不同的遺傳方式

　　DNA 有三種不同的遺傳方式，第一種是最常見的**體染色體**的遺傳，細胞核裡的 DNA 在細胞**減數分裂**時，發生**基因重組**，因為是父母親的生殖細胞發生染色體重組，所以每個人都會從外祖父母、內祖父母得到片段的遺傳基因。因為基因重組為隨機，得到的基因片段不同，所以一個家庭裡的兄弟姊妹，會長得不一樣。

　　除上述生殖細胞分裂時的細胞核 DNA 重組的遺傳外，有另外兩個不發生基因重組的遺傳系統，其一為前述的母系血緣（粒線體 DNA，mtDNA）的遺傳，即從外祖母、經母親，給兒女，再經過女兒遺傳下去；另一個系統是父系血緣的遺傳，是從內祖父，經過父親再給兒子，是經過 **Y 染色體**遺傳下去。Y 染色體雖然在細胞核裡面，但在細胞分裂時有部分染色體不會發生重組而成為父系血緣。母系血緣的粒線體 DNA 為雙股環狀的 DNA 序列，因不發生基因重組，所以除非 DNA 發生變異，母親與子女的母系血緣（DNA 序列）應該是相同的，父系血緣也一樣（圖5）。

Tips

　・體染色體的遺傳→發生基因重組
　・父系（Y 染色體）及母系（粒線體 DNA）血緣的遺傳→不發生基因重組

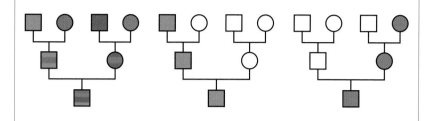

圖 5： DNA 三種不同的遺傳方式

體染色體的遺傳
一般染色體發生基因
重組

父系血緣的遺傳
經由 Y 染色體，只
會由父親遺傳給兒子

母系血緣的遺傳
經過粒線體 DNA，
只會由母親遺傳給子
女

知識補給

體染色體

染色體出現於細胞分裂期，體染色體又稱常染色體，是指染色體組中
除性染色體之外的染色體。例如人類的 23 對染色體中，有 22 對是體
染色體，剩下的一對是性染色體。

Y 染色體

人類的性別是由 XY 性別決定系統所決定，而 Y 染色體是性染色體之
一。Y 染色體上的基因只能由親代中的雄性傳遞給子代中的雄性（即
由父親傳遞給兒子）。

減數分裂與基因重組

減數分裂是一種特殊的生殖細胞分裂方式，會使得染色體的數目減
半，製造出單套細胞（如：精子、卵子），每條染色體源自於單套細
胞的親代細胞。在減數分裂中，染色體（基因）重組（指 DNA 片段斷
裂並且轉移位置的現象）發生在第一次減數分裂時。

1.2 藉由發生的變異計算血緣發生時間 （Coalescence）

父母系血緣的 DNA 序列，特別母系血緣的 DNA 是按照一定的時間發生變異（稱爲生物時鐘 Biological Clock，生物時鐘是單位 DNA 長度內，如 HVS1 發生一個鹼基變異所須的時間爲 20, 180 年），所以按照變異的數目可以計算血緣發生的時間，且由發生變異的先後次序，而看出遷移路線的前後位置，同時藉生物時鐘也可計算出遷移的時間。

B4a1a 血緣的變異

舉例來說，在 2005 年，我們發表〈在台灣原住民的母系血緣中找到古老的血緣〉[1]，提出在台灣原住民尤其最多在阿美族有一個母系血緣叫做 B4a1a。這個母系血緣在 mtDNA 序列第 14022 鹼基位置發生變異，成爲子血緣 B4a1a1 血緣，這是在新幾內亞及菲律賓人身上發現；之後是在第 16247 鹼基位置發生變異成 B4a1a1a 血緣，也叫做 B4a1a1p 血緣（Polynesian motif，玻里尼西亞標誌），這個血緣在超過 90% 的玻里尼西亞人身上看到。

從變異計算發生的年代，台灣原住民或菲律賓人是在 13,000 年前發生這個血緣，新幾內亞人是 9,300 年前，玻里尼西亞人是 9,000 年前；而這血緣遷移的方向很有可能是自台灣（或菲律賓）經過新幾內亞再到達玻里尼西亞。這篇文章發表以後，《經濟學人》（2005, July 9）評論：從這個研究看到台灣原住民與夏威夷人（玻里尼西亞人）是孿生兄弟。

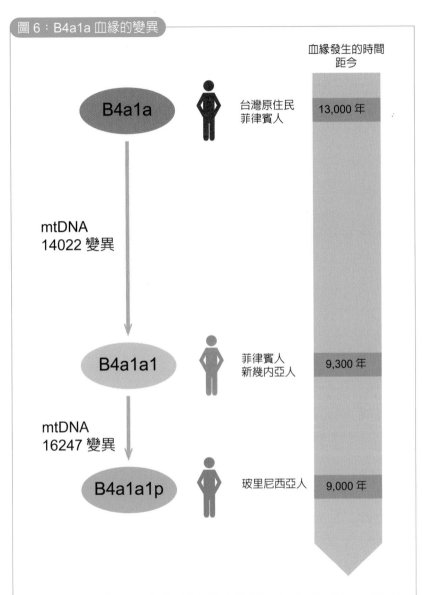

圖 6：B4a1a 血緣的變異

血緣發生的時間
距今

B4a1a　台灣原住民
菲律賓人　13,000 年

mtDNA
14022 變異

B4a1a1　菲律賓人
新幾內亞人　9,300 年

mtDNA
16247 變異

B4a1a1p　玻里尼西亞人　9,000 年

根據母系血緣（mtDNA）的演化追蹤血緣的遷移：台灣原住民與玻里尼西亞人有直接母系的血緣關係。

• B4a1a 血緣的南向擴散

2005 年我們以 mtDNA 的 HVS1 段（342bp），研究 B4a1a 血緣的演化，我們推測屬於母系社會 B4a1a 血緣的台灣原住民祖先（很可能是阿美族的祖先），在 3,000 到 4,000 年前，從台灣乘船出發（圖7），經過菲律賓、印尼東邊島嶼（蘇拉威西），到達新幾內亞，母系血緣變異成 B4a1a1 血緣。因為遷移的族群屬於母系社會，在這遷移過程，女人受到保護，男人做工尋找食物，男人大概在不友善的環境下被取代了，所以雖然部分的父系血緣 O1*（O1a2）及 O3*（O3a2c*）最終被保留下來，但遷移的過程中菲律賓、印尼及新幾內亞的父系血緣取代了台灣原住民的父系血緣，而成玻里尼西亞人主要的父系血緣，所以玻里尼西亞人是不同來源的父母系血緣的結合，母系與台灣原住民有共同的祖先，父系跟印尼及新幾內亞有共同的祖先。

到新幾內亞後，經數千年的擴充，然後再擴散到太平洋變成玻里尼西亞人（B4a1a1p 血緣）。在這後段的擴散，母系社會變成父系社會。

2011 年，我們與英國 Leeds 大學 Richards 教授等人合作，重新做 B4a1a 的研究，這次是用 mtDNA 的全長基因（16569bp），發現新幾內亞有高頻率的 B4a1a1 血緣，因此推測很可能是 8,000 年前在新幾內亞 B4a1a 先演化成有 14022 變異的 B4a1a1 血緣，然後 6,000 年前在新幾內亞附近的俾斯麥群島（Bismarck Archipelago）再演化成帶 16247 鹼基變異的 B4a1a1p 血緣（玻里尼西亞標誌），在約 4,000 年前 B4a1a1p 到達印尼，3,500 年前到達太平洋上玻里尼西亞西邊的島嶼萬那杜（Vanuatu）。[2]

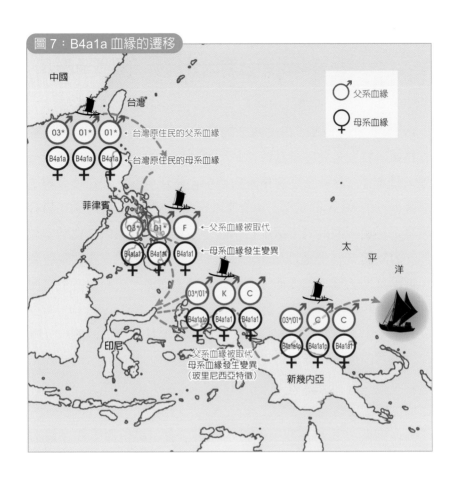

圖7：B4a1a 血緣的遷移

中國

台灣

台灣原住民的父系血緣
台灣原住民的母系血緣

父系血緣被取代
母系血緣發生變異

菲律賓

太 平 洋

印尼

父系血緣被取代
母系血緣發生變異
（玻里尼西亞特徵）

新幾內亞

○ 父系血緣
♀ 母系血緣

Tips

玻里尼西亞人的母系血緣和台灣原住民有共同的祖先；父系血緣則和
印尼及新幾內亞有共同祖先。

1.3 由組織抗原（HLA-A,B,DRB1 基因頻率）看台灣族群間及與台灣以外族群的關係及基因距離

1993 年，我們為了幫助臨床醫師做正確的疾病診斷及做好器官移植，特別是做好骨髓移植，需要正確的 HLA（組織抗原）分型，日本赤（紅）十字會東京血液中心主任 Juji 教授建議台灣應該有自己的 HLA 測定盤（由台灣人的血清製成），當時的組織抗原測定是使用血清的方法，日本紅十字會就協助我們的實驗室製作。因為約 10% 胎盤血清帶組織抗原的抗體，我們先在醫院收集了近兩萬個胎盤，然後從每個胎盤分離出血清，再將血清與台灣不同族群的淋巴球個別反應。

七年當中，我們到山上各個部落去拜託原住民提供血液，分離他們的淋巴球，然後讓淋巴球和不同的胎盤血清反應，得出的結果經分析，再判定血清中所含組織抗原抗體的特異性，再製作成組織抗原測定盤。

製作期間，我們長期參與日本紅十字會組織抗原工作及研討

基因距離

所謂「基因距離」是在說血緣的遠近，簡單說如同在阿美族有 40% 的人屬 B 血型，排灣族有 37%，雅美族有 9% 的 B 血型，我們說 40% 跟 37% 頻率比較接近，所以這兩個族（阿美族與排灣族）可能較接近，血緣（基因）的距離應該接近，跟 9% 的雅美族比較遠；但事實上阿美族和雅美族在血緣上比較接近（圖 8 顯示在同一群）。所以比較血緣的遠近需要用大量的資料，如圖 8 用幾百個不一樣的組織抗原基因的頻率一起來比較，才能得到較可靠的結果。

圖 8：台灣族群的血緣關係樹 [3]

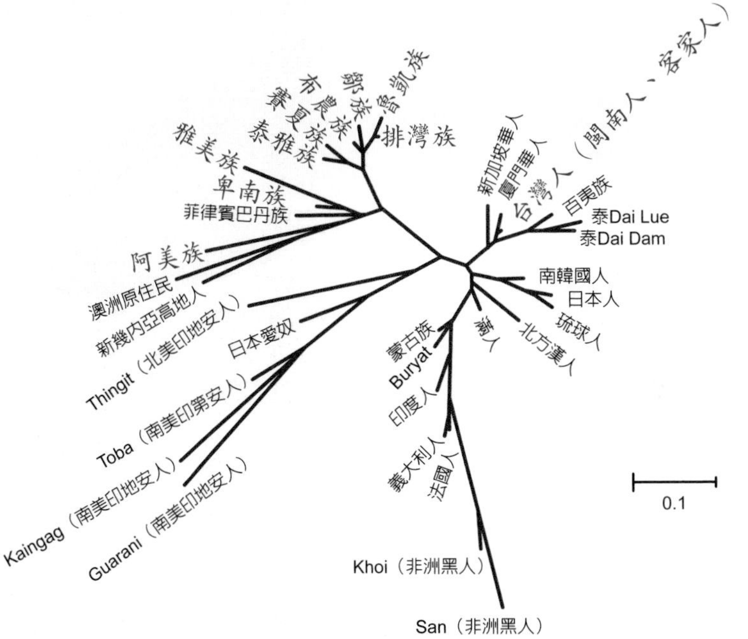

雅美族
泰雅族
賽夏族
布農族
鄒族
魯凱族
排灣族
卑南族
菲律賓巴丹族
新加坡華人
廈門華人
台灣人（閩南人、客家人）
百粵族
泰Dai Lue
泰Dai Dam
阿美族
澳洲原住民
新幾內亞高地人
Thingit（北美印地安人）
日本愛奴
南韓國人
日本人
琉球人
北方漢人
越人
蒙古族
Buryat
印度人
Toba（南美印第安人）
Kaingag（南美印地安人）
Guarani（南美印地安人）
義大利人
法國人
Khoi（非洲黑人）
San（非洲黑人）

0.1

透過組織抗原（HLA-A,B,DRB1 基因頻率）的研究，可以知道台灣族群（紅字所示）間及與台灣以外族群的關係及基因距離，台灣高山原住民與其他亞洲族群包括閩南人、客家人分開並有顯著的基因距離。[3]

會，正確的測定出台灣原住民組織抗原分型，同時也做了台灣人（閩南人、客家人）的組織抗原分型，為時七年，在 2000 年完成。

但 2001 年，我們發現國際上已經發展出用 DNA 方法的組織抗原分型試劑，雖然我們投入大量人力做組織抗原血清測定盤，被後來的 DNA 方法所取代，好像白費工夫，不過我們七年間做成台灣各族群組織抗原分型的研究結果，所得各基因的頻率，與當

時國際上可以取得的其他族群的組織抗原的基因頻率，互相比較，意外發現台灣高山原住民與其他亞洲族群（包括閩南人、客家人）分開，並有顯著的**基因距離**，在圖8可以看到。這個台灣族群的血緣關係樹，以及關係樹所顯示台灣原住民與其他亞洲族群明顯的基因距離，讓我們對人類學產生極大的興趣，而促使我們走入分子人類學的範疇。

● 台灣族群為何存在明顯的基因距離？

為什麼台灣高山原住民與其他亞洲族群——包括閩南人、客家人會有這麼明顯清楚的基因距離呢？這可以從台灣的古代地理得到答案。

世界最後一次冰河時期發生在2萬年前，之後雖有幾次的低溫，但因地球漸漸暖化，覆蓋在地上的冰開始融解，水流到海中，讓海水上升，在1萬4千年更早之前，亞洲大陸的情形如圖9，現的婆羅洲、馬來西亞及中南半島間原有**巽他古陸**（Sundaland），在這2萬年間，地球發生三次大洪水（14,500、11,500年及7,500年前），[4]海水急劇上升，地勢低的巽他古陸被淹沒，變成海底，巽他古陸上的高地，之後就變成現在的印尼群島、馬來西亞，海水上升以後台灣也變成島嶼。

另外在澳洲海岸以北，包含一部分的新幾內亞，在冰河時期露出海面的陸地稱**莎湖大陸**（Sahul），莎湖大陸包含新幾內亞、陸棚及澳洲大陸。

在冰河時期，台灣海峽原是陸地（現在台灣海峽大概一百公尺深），台灣與亞洲大陸的陸地相連，陸地甚至延伸到中南半島

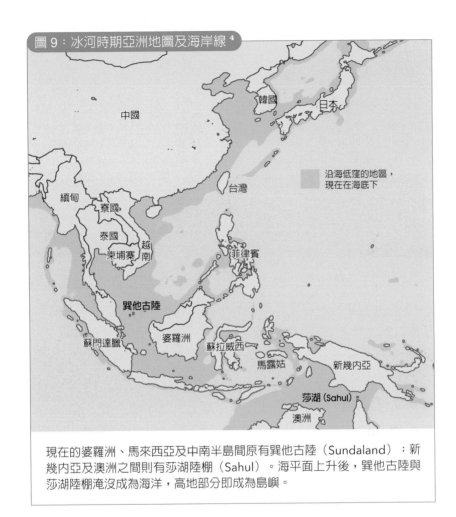

圖9:冰河時期亞洲地圖及海岸線 [4]

中國
韓國　日本

沿海低窪的地區，
現在在海底下

緬甸
寮國
泰國
柬埔寨　越南
台灣

菲律賓

巽他古陸

蘇門達臘　婆羅洲
蘇拉威西

馬露姑　新幾內亞

莎湖（Sahul）
澳洲

現在的婆羅洲、馬來西亞及中南半島間原有巽他古陸（Sundaland）；新幾內亞及澳洲之間則有莎湖陸棚（Sahul）。海平面上升後，巽他古陸與莎湖陸棚淹沒成為海洋，高地部分即成為島嶼。

及印尼。海平面上升，距今 7,000 年前形成了現今的東南亞海岸線，台灣已是島嶼。台灣與亞洲大陸約 10,000 年前逐漸分開，台灣高山原住民與亞洲大陸族群經過不同的演化，形成顯著的基因距離。

1.4 人類的遷移

　　近來分子人類學的研究知道，現在人類的祖先「**現代智人**」（*Homo sapiens*）在距今 180,000-160,000 年前在非洲演化形成，在 120,000 年前沿紅海西岸向北遷移到達現在的以色列地區，但最後因乾旱沒存活下來。

　　80,000 年前冰河時期，水在陸地上結成冰，海平面下降，比現在低至少 80 公尺以上，因此紅海通到印度洋的南出海口比現在狹窄許多，大約只有幾公里寬，中間有許多礁和小島，這海口現被稱爲「傷心門」。

　　非洲大陸在冰河時期發生大旱災，促使帶著 **L3 母系血緣**人類的祖先，在距今 80,000 年前跳過這海口的礁和島，離開非洲到達中東（阿拉伯半島）。[4, 5, 6] 在阿拉伯半島發展出 M 及 N 血緣（即 M 及 N 原型母系血緣），約 60,000 年前離開阿拉伯半島到達印度的西海岸。經過約 5,000 年時間第一波人類的祖先在 55,000 年前快速到達東南亞和莎湖大陸（海平面上升後，現在剩下澳洲、新幾內亞）。[7]

　　當時東南亞是一塊大陸地，叫做「巽他大陸」（Sundaland，含現沉在海底的陸地，稱「巽他古陸」），這陸地低窪的地方現在已沉入海底，曾經是非常富庶的地方，很多人住在這裡，被譽爲東方的伊甸園。[4] 巽他大陸較高的地方就是現在的中南半島、馬來半島及印尼群島，在冰河時期，巽他大陸向上連到到台灣海峽、東海到日本，這些地方當時都是低窪的陸地。

　　現在世界上的母系血緣都是從 M 及 N 血緣發展出來的，今日在印尼群島上還可以找到 M 及 N 原本原始的血緣，也就是 55,000

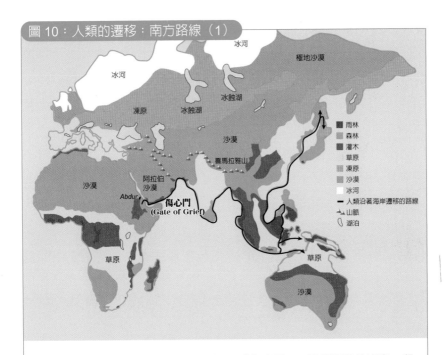

圖 10：人類的遷移：南方路線（1）

（圖中標示）
冰河
極地沙漠
冰河
冰蝕湖
凍原　冰蝕湖
沙漠
喜馬拉雅山
阿拉伯沙漠
沙漠
Abdur
傷心門
(Gate of Grief)
草原
草原
沙漠

圖例：
■ 雨林
　 森林
■ 灌木
　 草原
　 凍原
　 沙漠
　 冰河
— 人類沿著海岸遷移的路線
⛰ 山脈
〇 湖泊

距今約 8 萬年前，人類祖先從非洲通過「傷心門」，沿著阿拉伯半島、印度半島沿岸，朝東南亞方向遷徙。（資料來源：Stephen Oppenheimer, 2003）

知識補給

南方路線及海岸扒梳人

冰河時期人類為了求生存而沿著海岸尋找貝類，因此古代人類走過的地方，都可以看到貝塚，這條沿著海岸遷移的路線稱為南方路線（Southern route）[6] 如圖 10，人類的祖先也被稱為海岸扒梳人（beachcomber），在海沙中用手指扒梳尋找貝類。人類的遷移主要是沿著海岸或沿著河流，不只是為了容易找到食物，而且是易於掌握四周的環境，保持自身的安全。

年前遷移到東南亞的原始人類的後代。

　　人類的遷移是沿著南方海岸自西向東遷移，再沿著亞洲大陸的東岸（包括台灣海峽）自南向北方移，到東北亞。[7] 另外約在 4-5 萬年前人類的祖先從阿拉伯半島向北移到達歐洲，成為現在歐洲人的祖先。[7]

　　人類沿著南方路線遷移時如遇到大河的出海口，部分的人就沿著河岸向內陸遷移，因此人類沿著印度河到達中亞，沿著湄公河向北移到亞洲內陸等。

　　2009 年，亞洲科學家聯合對 73 個亞洲族群做全基因的分析，包括東南亞（台灣、中國長江以南地區及中南半島）、東南亞島

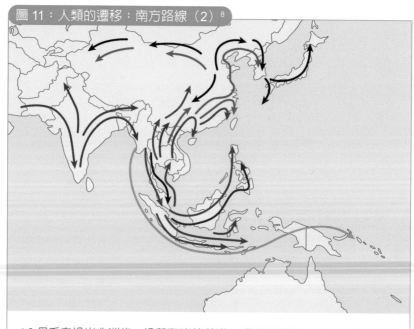

圖 11：人類的遷移：南方路線（2）[8]

L3 母系血緣出非洲後，沿著海岸線前進，或沿河岸進入內陸，並演化形成許多血緣。

嶼（印尼及菲律賓）及東亞，結果確定南方路線爲人類的主要的遷移路線（雖然可能也有北方路線）。人類在自印度遷移到東南亞時發生演化形成許多血緣，再向東南亞及東北亞遷移，[8] 見圖11，不同顏色的箭頭即爲不同的血緣。

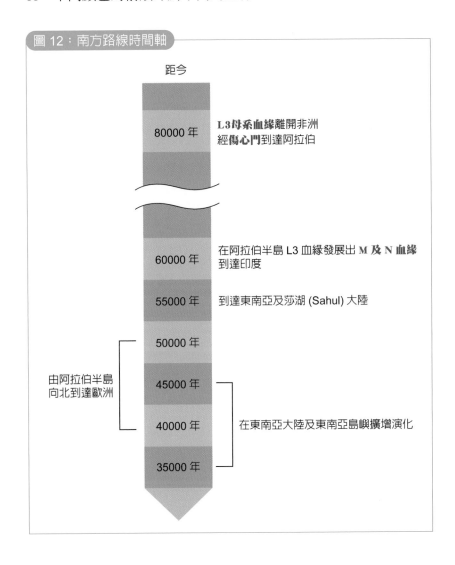

圖 12：南方路線時間軸

距今

80000 年　　**L3母系血緣離開非洲
　　　　　　經傷心門到達阿拉伯**

60000 年　　在阿拉伯半島 L3 血緣發展出 **M 及 N 血緣**
　　　　　　到達印度

55000 年　　到達東南亞及莎湖 (Sahul) 大陸

50000 年

由阿拉伯半島
向北到達歐洲　　45000 年

40000 年　　在東南亞大陸及東南亞島嶼擴增演化

35000 年

1.5　亞洲人類的遷移

　　經南方路線到達東南亞的人類，在距今 45,000-35,000 年前在東南亞大陸（中國南方及中南半島）擴增及演化，再向四周擴散。15,000-8,000 年前走過台灣海峽遷移至台灣。也就是說，部分台灣原住民的祖先是在 1 萬多年前從東南亞大陸到達台灣。

　　同樣，在距今 45,000-35,000 年前到達東南亞的人類，也在異他大陸擴增及演化（圖 13），再向四周擴散，部分台灣原住民的祖先也可能在萬年前從異他大陸經東南亞島嶼（印尼、菲律賓）到達台灣。例如在台東長濱鄉有舊石器時代遺跡，為長濱文化（距今15,000 年），應和這些早期的移民有關。

舊石器時代

舊石器時代（Paleolithic age）是石器時代的早期階段，一般劃定此時期為距今約 260 萬年人類開始製作及使用工具開始，至大約 1 萬年前。其時期劃分一般採用三分法：舊石器時代早期、中期和晚期。該時期的人類以採集或漁、獵維生，文化和技術都處在原始階段。

長濱文化

台灣的史前考古學文化，舊石器時代晚期持續型的文化，人口不多，以漁獵及採集為生，已知用火，以敲擊方式製作石器。1969 年考古學者李濟依據宋文薰發掘之台東縣長濱鄉八仙洞遺址先陶文化層出土遺物命名，開始的年代依據洞穴海拔相對高度與絕對年代測年結果推測距今大約 5 萬年前（碳十四測定年代為大於 15,000 年），一直延續到距今 5,500 年前左右才消失。（資料來源：台灣大百科全書網站）

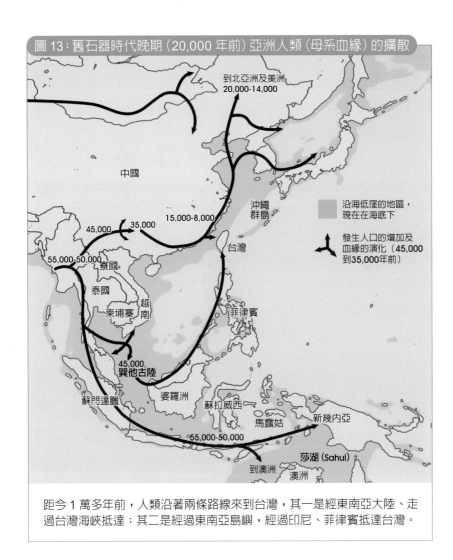

圖 13：舊石器時代晚期（20,000 年前）亞洲人類（母系血緣）的擴散

到北亞洲及美洲
20,000-14,000

中國

沖繩
群島

15,000-8,000

45,000   35,000

55,000-50,000

寮國

泰國

越南

柬埔寨

台灣

菲律賓

沿海低窪的地區，
現在在海底下

發生人口的增加及
血緣的演化（45,000
到35,000年前）

45,000
巽他古陸

蘇門達臘

婆羅洲

蘇拉威西

馬露姑

新幾內亞

55,000-50,000

莎湖 (Sahul)

到澳洲

澳洲

距今 1 萬多年前，人類沿著兩條路線來到台灣，其一是經東南亞大陸、走過台灣海峽抵達；其二是經過東南亞島嶼，經過印尼、菲律賓抵達台灣。

Tips

台東長濱文化應與舊石器時代晚期亞洲人類的遷移有關。

1.5.1　原南島民族及南島民族

　　因地球暖化，冰河時期結束，海水上升，距今約 7,000 年前形成現在亞洲（台灣）的海岸線，此時海岸線變長，人類靠著航行進行遷移。

　　新石器時代，在 8,000-6,000 年前有來自東南亞大陸（中國南方及中南半島）的**原南島語族**（Proto-Austronesian Speakers，南島語族的來源）擴散到台灣，尚有另一來自東南亞島嶼（源自巽他大陸血緣）的血緣移入台灣。[9]

　　因航海技術尚未發達，較小船隻無法橫渡大海洋，因此船是沿著陸地及海岸線航行，所以原南島民族（船隻）可能沿著中國東南沿海來到台灣。而另一來自東南亞島嶼的血緣，是沿中南半島、印尼、菲律賓，從南海沿岸遷移到台灣。在 4,000 年前，南島民族自台灣擴散到東南亞島嶼、遠至太平洋的玻里尼西亞。（即「出台灣」，Out of Taiwan）

　　南島民族或南島語族（Austronesian）是指在南方島嶼上使用同語系的族群。同為南島語族的族群，其語言通常有類似的地方（如附表），如以「眼睛」為例，台灣魯凱族講 MACA，菲律賓他加祿族（Tagalog）講 MATA，太平洋的斐濟島人講 MATA，復活節島人也講 MATA，這些話語非常相似，甚至相同，所以被歸類為一個語系叫做南島語系，講南島語系的民族叫南島語族或南

 原南島語族（Proto-Austronesian Speakers）
為南島語族的前身，原居中國南方及鄰近中南半島，從事原始農耕的漁民。到達台灣後才發展南島語成為南島語族。

島民族。被認為既然語言同屬一個語系，基因大概也是同一個來源。

南島民族的分布範圍很廣（圖 14），包括：西從印度洋的西側，也就是非洲沿岸的馬達加斯加，東到美洲西岸的復活節島，北自台灣，南到紐西蘭，橫跨地球 1/4 表面的海上約 24,000 座島嶼上住著 380,000,000 位原住民，稱為南島民族。**10**

原始南島語（PAN）與現代派生詞

	PAN	魯凱語（台灣）	他加祿語（菲律賓）	斐濟	薩摩亞	復活節島
TWO（二）	DUSA	DOSA	DALAWA	RUA	LUA	RUA
FOUR（四）	SEPAT	SEPATE	ĀPAT	VĀ	FĀ	HĀ
SIX（六）	'ENEM	ENEME	ĀNIM	ONO	ONO	ONO
BIRD（鳥）	MANUK	–	MANOK	MANUMANU	MANU	MANU
EYE（眼睛）	MACA	MACA	MATA	MATA	MATA	MATA
EAR（耳朵）	CALINGA	CALINGA	TĒNGA	DALINGA	TALINGA	TARINGA
CANOE（獨木舟）	AWANG	AVANGE	BANGKA	WAGA	VA'A	VAKA
SUGARCANE（甘蔗）	TEBUS	CUBUSU	TUBO	DOVU	TOLO	TOA
HEAD LOUSE（頭蝨）	KUCUH	KOCO	KŪTO	KUTU	'UTU	KUTU

資料來源：*Malcolm Ross, Australian National University*

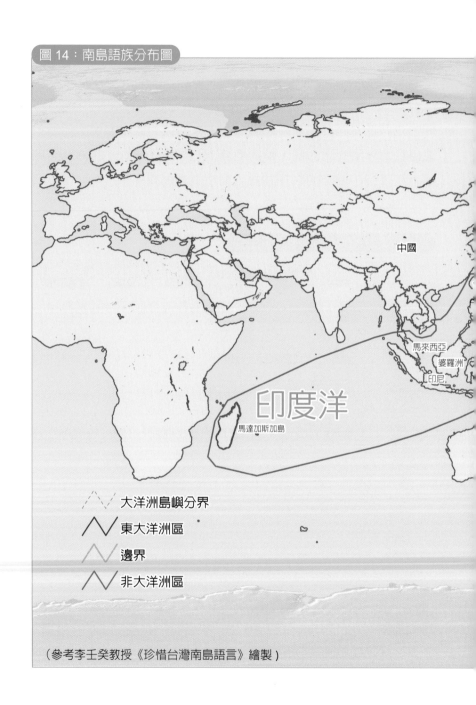

圖 14：南島語族分布圖

中國

馬來西亞

婆羅洲

印尼

印度洋

馬達加斯加島

⋀ 大洋洲島嶼分界

⋀ 東大洋洲區

⋀ 邊界

⋀ 非大洋洲區

（參考李壬癸教授《珍惜台灣南島語言》繪製）

在語言學上（Blust, 1999）[11] 把南島語言分成 10 支，其中的 9 支都只在台灣原住民出現，另外一支為 Malayo-Polynesian 支，這支共有 1,268 個語言，包括印尼、菲律賓使用的語言及巴丹語群中的雅美語及伊巴丹語。

中央研究院語言所李壬癸教授有另一分類，這分類中也包含平埔族的語言（如圖 15）。台灣原住民有最複雜、最多元的南島語分支，因此台灣原住民被認為是南島語族的來源，這種說法是 1991 年澳洲的考古學者 Bellwood 根據語言學及考古學的發現提出的，他在台灣史前遺址找到的陶器是屬於玻里尼西亞人 Lapita 陶器的前身。

Bellwood 根據考古的研究，認為南島民族的來源是在中國南方，在 6,000 年前因為稻米的耕作成功，人口增加，所以一些人遷移到台灣，在 5,000 年前再從台灣擴張到菲律賓，再經過東南亞島嶼，在 3,000-2,000 年前到達新幾內亞，最後在 1,000 年前到達玻里尼西亞（紐西蘭的毛利人、夏威夷人等）。

這個看法近年來因血緣的研究而有改變，如南島民族的前身原南島語族在 8,000-6,000 年前從東南亞大陸（中國南方及中南半島）到達台灣；血緣的研究還發現台灣原住民另外還有一個來源是來自異他大陸的血緣，經東南亞島嶼的印尼、菲律賓到達台灣。[9] 在 4,000 年前，南島民族再從台灣擴散出去到達東南亞島嶼，甚至到達玻里尼西亞。[12]

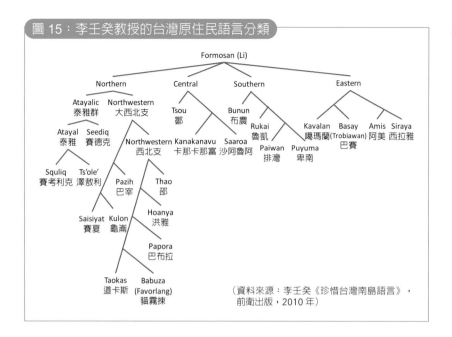

圖 15：李壬癸教授的台灣原住民語言分類

Formosan (Li)

Northern　　Central　　Southern　　Eastern

Atayalic　Northwestern　　Tsou　　Bunun
泰雅群　　大西北支　　鄒　　布農

Atayal　Seediq　　　　　Rukai　　Kavalan　Basay　Amis　Siraya
泰雅　　賽德克　　　　　魯凱　　噶瑪蘭(Trobiawan)　阿美　西拉雅
　　　　　　　　　　　　　　　　巴賽

Squliq　Ts'ole'　　Northwestern　Kanakanavu　Saaroa　Paiwan　Puyuma
賽考利克　澤敖利　西北支　　卡那卡那富　沙阿魯阿　排灣　卑南

　　　　Pazih　Thao
　　　　巴宰　邵

Saisiyat　Kulon　Hoanya
賽夏　龜崙　洪雅

　　　　Papora
　　　　巴布拉

Taokas　Babuza
道卡斯　(Favorlang)
　　　　貓霧揀

（資料來源：李壬癸《珍惜台灣南島語言》，
前衛出版，2010 年）

語系

語系（language family）是對語言進行分類的方法，有親屬關係的語言歸類為同一語系。目前世界上存在約 7 千種語言，一般劃分為十餘種語系。與台灣相關的有「漢藏語系」——中文、台語、客語等屬於此種語系；以及「南島語系」——高山原住民及平埔族的語言則屬於此類。

1.6 台灣族群（高山原住民、平埔族）血緣的來源及擴散

● DNA 研究的結果

　　我們的血緣研究發現，在距今 15,000-8,000 年前舊石器時代及 8,000-6,000 年前新石器時代都有來自東南亞大陸及另一源自異他古陸、東南亞島嶼血緣移入台灣（圖 13）。[12]

　　台灣原住民是南島民族。血緣的研究及考古的發現證明在 4,000 年前有台灣原住民的父母系血緣擴散遷出台灣，到達東南亞島嶼，後來繼續擴散到太平洋島嶼，為南島民族的擴散（出台灣，Out of Taiwan）。[12]

　　我們母系血緣的研究發現 6,000-3,000 年前繼續有東南亞島嶼、東南亞大陸及東北亞血緣移入台灣。從古代 DNA（aDNA）的研究，我們也發現約 3,000 多年前有從東北亞（包括西伯利亞）血緣的移入，[13]雖然母系血緣研究有技術上的限制，無法用現在的 DNA 資料探討最近 2,000 年以內血緣的遷移（因約 2000 年才會在母系血緣 mtDNA 上發生一個變異，以計算新血緣發生的年代），但我們相信 6,000-3,000 年前移入台灣的血緣應與平埔族的形成有關。

　　關於台灣高山原住民及平埔族的血緣溯源研究，請參見第 2、3 章。

知識補給

古代 DNA
古代 DNA 是研究從古代遺骸萃取的 DNA，再將 DNA 序列與現代人比較，以推測古代人類遷移的情形。詳細可參考輯二〈馬偕醫院的古代 DNA 研究〉。

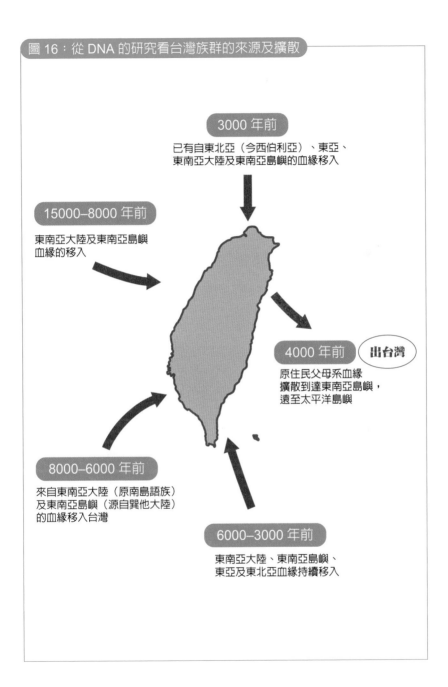

圖 16：從 DNA 的研究看台灣族群的來源及擴散

3000 年前

已有自東北亞（今西伯利亞）、東亞、
東南亞大陸及東南亞島嶼的血緣移入

15000–8000 年前

東南亞大陸及東南亞島嶼
血緣的移入

4000 年前　　出台灣

原住民父母系血緣
擴散到達東南亞島嶼，
遠至太平洋島嶼

8000–6000 年前

來自東南亞大陸（原南島語族）
及東南亞島嶼（源自其他大陸）
的血緣移入台灣

6000–3000 年前

東南亞大陸、東南亞島嶼、
東亞及東北亞血緣持續移入

1.7 台灣人口組成

現今台灣的人口組成可分為二大類：「台灣高山原住民」及「非台灣高山原住民」。高山原住民占人口2%，非高山原住民則占98%，後者包含閩南人、客家人、平埔族、二次世界大戰後隨蔣介石來台的中國各省分人及近20年來台的新住民。

「台灣高山原住民」主要分布在中央山脈及東部高山環繞的海岸地區，雅美族（達悟族）是唯一的離島原住民，分布在蘭嶼島上；台灣北部有泰雅族、賽夏族，中部有布農族、鄒族、邵族，南部有魯凱族、排灣族，東部有阿美族、卑南族。

「非台灣高山原住民」主要可分為二大類：「平埔族」及「台灣人」。

「平埔仔」是清領時期民間用來稱呼原定居台灣西部平原的原居住者（原住民），清官方則用「熟番」稱呼，是代表身分的名字。1900年代，由日本人類學家伊能嘉矩轉化為具民族學意義的「平埔族」，但在日治時期，平埔族被歸類成和台灣（漢）人一樣的「本島人」。到1943年，平埔族的登記人口曾一度下降到零。

「台灣（漢）人」則是包含「閩南人」及「客家人」，一直錯誤的被認為「都是」來自中國南方百越族的後代（詳後）。

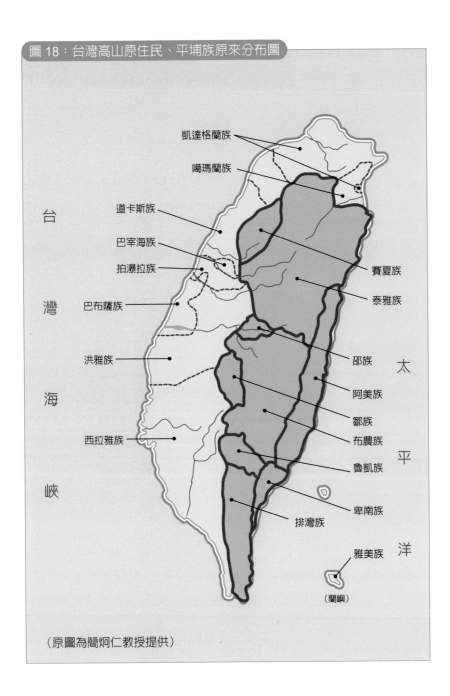

凱達格蘭族

噶瑪蘭族

道卡斯族

巴宰海族

拍瀑拉族

巴布薩族

洪雅族

西拉雅族

賽夏族

泰雅族

邵族

阿美族

鄒族

布農族

魯凱族

卑南族

排灣族

雅美族

（蘭嶼）

台

灣

海

峽

太

平

洋

（原圖為簡炯仁教授提供）

2 台灣高山原住民

2.1 台灣高山原住民的基因研究

　　台灣高山原住民是居住在高山隔離的地區，主要分布在中央山脈及東部高山環繞的海岸地區，因高山及大海環繞，高山原住民長久與外界隔離，不同族群間也互相隔離，因此同一個族群中族人的基因相似，以致族中出現的不同基因數目少，成為所謂的「純種族群」，不少組織抗原基因具有世界上最高的頻率。以下分項介紹台灣高山原住民幾個特別的血型及基因。

Jk~null~ 血型

　　紅血球的稀有血型 Jk$_{null}$ 血型，廣泛出現在南島民族的玻里尼西亞人，被認為是玻里尼西亞人的標誌，相關的基因 *Jk$_{null}$*（*IVS5-Ig>a*），在台灣除鄒族外廣泛的出現在台灣原住民，從 Jk$_{null}$ 血型我們可看到台灣原住民與玻里尼西亞人的血緣關係。[14]

米田堡血型

　　米田堡血型（MiIII 血型；GP.Mur）在阿美族（88%-95%）、雅美族（34%）及卑南族（21%）等東海岸的族群以世界最高的頻率出現；然而中央山脈的族群並沒有出現米田堡血型，[15] 我們推測：這可能是因這血型有利生存（使 CO_2 易於自紅血球釋放出來而排出體外），[16] 所以「物競天擇」，加上近親通婚而造成的。

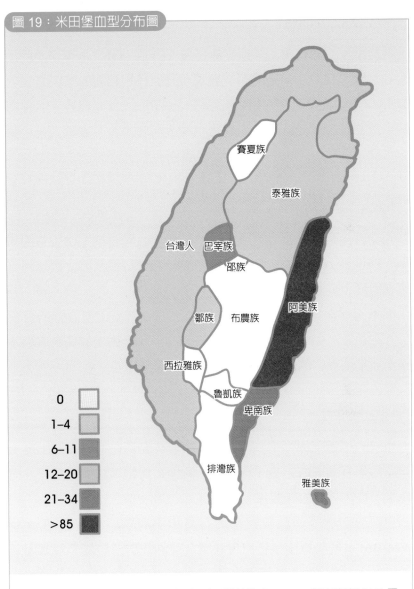

圖 19：米田堡血型分布圖

賽夏族

泰雅族

台灣人　巴宰族

邵族

鄒族　布農族

阿美族

西拉雅族

魯凱族

卑南族

排灣族

雅美族

0
1–4
6–11
12–20
21–34
>85

阿美族有 95% 的族人帶米田堡血型，雅美族有 34%，卑南族有 21% 屬
這血型，但隔壁的布農族、魯凱族及排灣族都沒發現這個血型。

Le (a+b-) 血型

此血型不見於台灣人，但見於白種人的 Le (a+b-) 血型廣泛的出現在台灣原住民，基因的研究發現台灣原住民相關的基因是 se^{571}, se^{685}, se^{849}，這些基因也出現在毛利人、印尼人及菲律賓人，但這些台灣原住民相關的基因不見於白種人、日本人、泰國人及中國人，顯示原住民與南島民族的血緣關係。[15]

$HNA\text{-}1^{null}$ 基因

阿美族尚有令人驚奇的 $HNA\text{-}1^{null}$ 基因，且驚奇的 19.8% 基因頻率，為世界上最高的頻率，其他族群沒看到這種基因，顯示阿美族在血緣上有獨特的來源。[14]

因米田堡血型及 $HNA\text{-}1^{null}$ 基因的研究沒有東南亞族群的資料（只有泰國、越南及寮國有米田堡血型資料），阿美族與東南亞及東南亞島嶼族群的關係有待將來的研究釐清。

HLA 單倍型

相同的組織抗原單倍型（幾個基因的組合）在不同族群出現，被認為是有共同的祖先，有血緣的關連，而組織抗原比父母系血緣顯示更古老的血緣關係。

大部分台灣高山原住民都具有高頻率的單倍型 A24-B48 及 A24-B61，這些單倍型也出現在東北亞的族群，包括愛斯基摩人（Inuit）、鄂倫春人及日本人。

其中 A24-B48 被認為是東北亞族群特徵的血緣，所以台灣高山原住民與東北亞的族群共有 A24-B48 單倍型，是顯示古老的血緣

図 20：A24-B48 血緣的可能遷移路線

中國

緬甸

寮國

泰國

柬埔寨

越南

沖繩群島

台灣

菲律賓

沿海低窪的地區，現在在海底下

人類遷移的路線

台灣高山原住民帶高頻率東北亞特徵的 A24-B48 血緣，從組織抗原單倍型（HLA haplotype）A24-B48 的分布，推測在 50,000-10,000 年前，東亞人類的祖先，沿著海岸遷移的可能路線（參圖 10）。

關係、共有祖先，很可能顯示幾萬年前古代人類沿著亞洲大陸東邊東亞大陸棚（現已在海底）遷移的痕跡。從這裡我們看到古代人類南北遷移留下的痕跡。[17]

另外由組織抗原的基因可看到阿美族與澳洲原住民及新幾內亞高地人的關係：尚令人不解的是 A34-B56 單倍型在阿美族（18.6%）、新幾內亞高地人（10.6%）及澳洲原住民（4.1%）出現，顯示這些族群間具有很古老的關係，可能是 5 萬年前當澳洲與新幾內亞還連在一起屬於莎湖大陸，人類尚未遷移到台灣時，A34-B56 顯然是阿美族、澳洲原住民及新幾內亞高地人共同的祖先所帶有的血緣，而這血緣一直保存到現在，因此阿美族與澳洲原住民及新幾內亞高地人應有共同的祖先，有古老的血緣關係，待將來的研究。

Jk_{null} 血型	證明台灣原住民與玻里尼西亞人的血緣關係。
米田堡血型	台灣東海岸及中央山脈族群的分布差異很大。
Le (a+b-) 血型相關基因	se^{571}, se^{685}, se^{849} 證明台灣原住民與南島民族（毛利人、印尼人及菲律賓人）的血緣關係。
$HNA-1^{null}$ 基因	出現比例全球最高，顯示阿美族血緣上的獨特來源。
HLA 單倍型	1. 顯示台灣原住民與東北亞族群的血緣關係。 2. 阿美族與新幾內亞高地人、澳洲原住民可能存在的古老血緣關係。

2.2 台灣高山原住民的母系血緣 [1]

　　台灣高山原住民母系血緣的**單倍群**（haplogroup）數目少，且超過85%的母系血緣局限在 B4、B5a、F1a、F3、F4b、D5、E 及 M7 單倍群（圖 21）中，很像組織抗原系統的基因在台灣高山原住民分布數目少的情形。

　　高山原住民的母系血緣與東南亞島嶼族群及大洋洲族群有共同的祖先，但是高山原住民的血緣與中國人有明顯的區分，雖然今日的高山原住民是舊石器時代後期來自東南亞大陸(及其他大陸)移民的後代，因台灣海峽約 1 萬年前形成，所以台灣及中國兩岸族群經長期的分開及隔離，各自發展成不同的血緣。

　　高山原住民在不同族群之間有相同的單倍群（圖 21），表示族群之間共有母系血緣基因庫，如北部泰雅族及賽夏族共有 F4b 及 M7b 血緣，中部布農族及鄒族共有 B4b、B5 及 E 血緣，南部排灣

族及魯凱族共有 D5 及 F3 血緣，東部卑南族、阿美族及雅美族共有 B4a、E 及 M7c 血緣。

圖 21：台灣高山原住民母系血緣單倍群（haplogroups）頻率（%）分布圖[1]

族別	單倍群分布（由左至右）
泰雅族	B4a ∣ B4a ∣ E ∣ F4b ∣ M7b ∣ M* ∣ M9a ∣ Y
賽夏族	B4a ∣ B5 ∣ E ∣ F4b ∣ M7b ∣ M* M9a ∣ Y
布農族	B4b ∣ B5 ∣ E ∣ F1 ∣ F4b ∣ M7b
鄒族	B4a ∣ B4b ∣ B4c ∣ B5 ∣ E ∣ F1 ∣ F2 F4b ∣ M* ∣ R
排灣族	B4a ∣ B4c ∣ B5 ∣ D5 ∣ E F1 ∣ F3 ∣ F4b M7c M* F1
魯凱族	B4a ∣ B5 ∣ D5 ∣ F1 ∣ F3 ∣ M7b ∣ M7c
卑南族	B4a ∣ B4b ∣ M4c E ∣ F1 ∣ F3 ∣ M7c ∣ M9a
阿美族	B4a ∣ B4b D5 ∣ E ∣ F1 F4b M7b ∣ M7c ∣ M*
雅美族	B4a ∣ B4c ∣ E ∣ F1 ∣ M7c

單倍型（haplotype）

單倍型可以有三種含義：（1）在染色體上有一群相連且關係緊密的基因，其所屬的等位基因（alleles）總是一起遺傳（在不同的基因座上，總是相同的等位基因相連而傳到後代）；（2）一些相連的鹼基變異（single nucleotide polymorphism；SNP）總是同時出現，如在人類基因圖譜計劃中發現的疾病鹼基變異；（3）一段 DNA 片段上特殊的鹼基變異。

單倍群（haplogroup）

在分子演化的研究中，單倍群是由一組有共同祖先的單倍型組合而成。因為單倍群由相似的單倍型組成，所以可以從單倍型來預測單倍群。

以 B4 血緣的變異歷程為例

　　高山原住民不同族群之間共有母系血緣的詳細情形，可以從 B4 血緣的演化歷程做為例子。

　　如圖 22 顯示，B4 血緣在 mtDNA 第 16261 的位置發生變異形成 B4a 單倍群（subhaplogroups）血緣，再經過幾個不同的變異形成 B4a1a 及 B4a2 亞單倍群血緣。[1]

　　B4a1a 血緣主要是在阿美族出現（圖 22 右），有 18 個阿美族人

> 圖 22：台灣高山原住民母系血緣單倍群及單倍型的分布總概況（左圖）及 B4a 單倍群及其兩個分支 B4a1a、B4a2 亞單倍群在台灣高山原住民的詳細分布情形（右圖）[1]

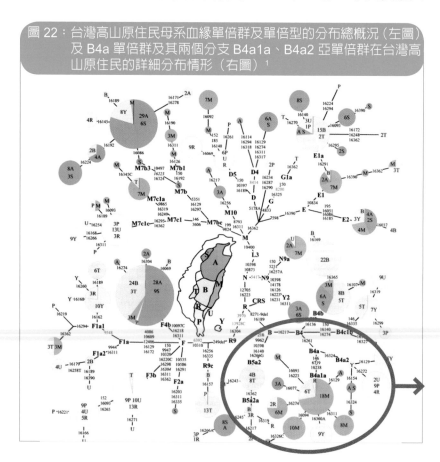

（18M），以及 6 個鄒族人（6T）及 1 個魯凱族人（R），很可能有相同的血緣；B4a1a 亞單倍群之後在第 16311 位置發生變異，可見於 8 個阿美族人身上（8M），為阿美族人特異血緣；在第 16360A 位置發生變異，可見於 9 個雅美族人身上（9Y），為雅美族人特異血緣；第 16077 位置發生變異，可見於 3 個泰雅族人身上（3A），為泰雅族人特異血緣的 B4a1a 單倍型（haplotype）。

至於 B4a2 亞單倍群血緣有 1 一雅美族人（Y），及分支的單倍型中有 1 支只出現在雅美族的 B4a2 單倍型（15Y），為雅美族人特異血緣；及另一支包含卑南族、排灣族及魯凱族共有的 B4a2 單倍型（2U, 9P, 4R），還可以看到各有 1 個泰雅族人及賽夏族人（AS）的分支。由此可見高山原住民不同族群之間共有相關或相同的母系血緣（B4 血緣），然而在不同的族群也出現只在該族群演化成的特有的單倍型血緣，顯示高山原住民的母系血緣來自同一基因庫，有時甚至共有血緣。

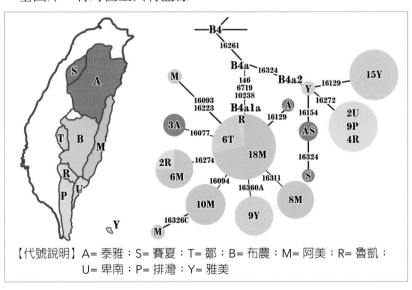

【代號說明】A= 泰雅；S= 賽夏；T= 鄒；B= 布農；M= 阿美；R= 魯凱；
U= 卑南；P= 排灣；Y= 雅美

2.2.1 舊石器時代後期（20,000 年前）亞洲母系血緣的擴散

　　原住民母系血緣的形成如圖 23，每個血緣都有不同的遷移路線。在舊石器時代後期，距今 15,000-8,000 年前，B4a2、B5a2c、D5b3、R9b1a2 血緣經台灣海峽（當時是陸地）到達台灣。

　　在東南亞西側遷移的人群演化成的 B4a1、R9b1、N9a 血緣，在 20,000 年前向南遷移，11,000 年前在蘇門達臘 N9a 血緣演化成

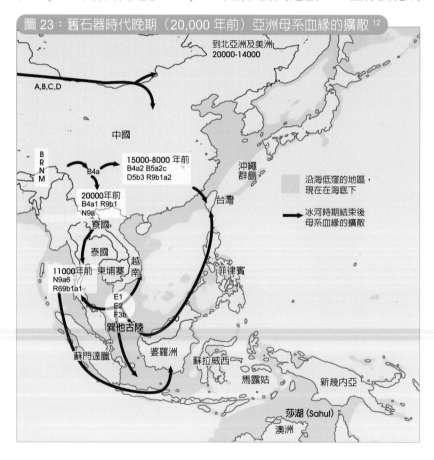

圖 23：舊石器時代晚期（20,000 年前）亞洲母系血緣的擴散 [12]

N9a6；R9b1成R9b1a1血緣，然後到台灣。

約20,000年前，在巽他古陸演化出現E1、E2、F3b血緣，這些血緣繼續遷移經菲律賓到達台灣。[1, 13, 14]

● E 血緣的演化

有關E血緣的演化，經我們與國際合作研究，顯示（圖24）約在50,000年前，首波帶M原型母系血緣的人類祖先到達巽他古陸後，約在35,000年前，E群血緣最原始的E血緣自M原型血緣演化成的M9血緣發展而成，E血緣的形成位置推測是在巽他大陸的東邊，即現在的婆羅洲東部及蘇拉威西的範圍。與其他血緣不同的是，E血緣群並不見於亞洲大陸。

最後一次冰河期結束後地球暖化，冰河融解使得海水上升，在距今15,000-7,000年前（14,500、11,500、7,500年前）發生大洪水，海水急速上升使得巽他古陸淹沒成海底，迫使巽他古陸居民遷移。之後海岸線增長2倍，使得住在海岸地區的人群發展航海，促成E血緣在1萬年前自東南亞島嶼向外擴散，也因此使E1血緣遷移後在不同的地方發展成E1a、E1a1、E1a1a、E1a2及E1b血緣，E2血緣發展成E2a及E2b血緣。[9]

E1a1a血緣大概在10,000-8,000年前到達台灣，E1a1a血緣見於菲律賓；台灣的西拉雅族、賽夏族及布農族，台灣有多樣及高頻率的E1a1a血緣，推測形成的年代是10,000年前。E1a1a血緣的分布更顯示台灣高山族及平埔族與菲律賓人及印尼人的母系祖先來自同一來源。[18] E1a1a血緣有可能是在台灣演化成的，也可能是從印尼或菲律賓到達台灣。

E2b 血緣（如圖 24）只出現在西拉雅族、台灣高山原住民（雅美、阿美、泰雅、布農等族）及少數菲律賓及巴丹人，不見於其他的東南亞島嶼族群，顯示 E2b 很可能是屬於台灣特有的母系血

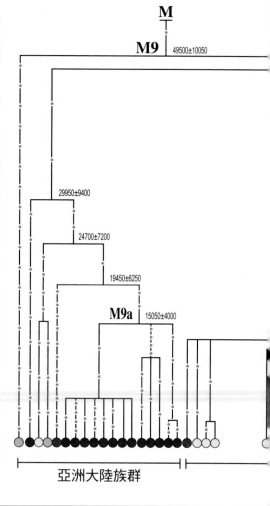

圖 24：E 血緣群的血緣關係樹 [9]

此為母系血緣（粒線體 DNA）全長解碼後建構成的血緣關係樹。每條直線為一血緣，直線上的點顯示發生的變異（原本為數字，表示變異發生的序列位置），橫線表示血緣名稱，如 E1 血緣，而旁邊的 16,950±4,900 表示 E1 血緣發生的年代。

在最右邊是時間次序，從 50,000 年前到現今，在更新世的後期（也就是舊石器時代的晚期）發生第一次及第二次洪水（即海水急劇上升）在全新世（7,500 年前）發生第三次洪水，這三次洪水使得巽他大陸的 E 血緣被迫遷移及擴散到台灣、菲律賓及新幾內亞，促成新的 E 亞（子）血緣的形成。

2011 年在馬祖群島中的亮島，由中研院陳仲玉教授發掘出 8,320-8,060 年前考古遺骸「亮島人」，經德國 Max Planck Institute 團隊的研究，發現是屬於 E1 前身「pre-E1」母系血緣，不同於我們的研究認為 E 血緣起源於巽他大陸，再向北遷移，他們認為 E 血緣起源於中國北方，再向南遷移。隨後在 2016 年重新定位為 pre-E1a 血緣。（Ko et al. Am J Hum Genet 2014: 94; 426-436.）

緣，E2b 發生的年代爲 4,300±2,300 年前，很可能在台灣發生，
在約 4,000-3,000 年前（新石器時代）在台灣演化形成的。[14]

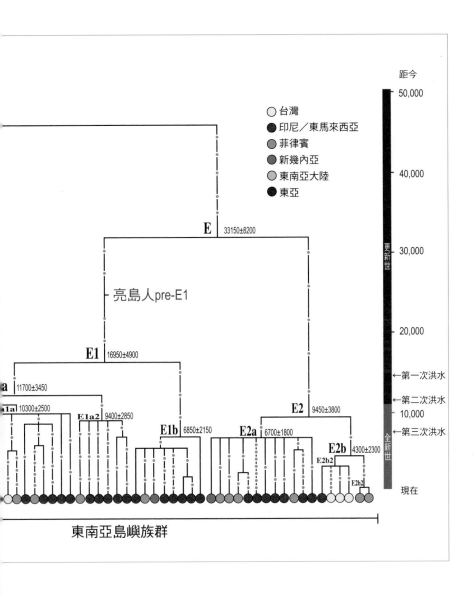

2.2.2　新石器時代（8,000-6,000 年前）亞洲母系血緣的擴散

新石器時代台灣原住民的母系血緣及相關的亞洲母系血緣的形成、演化及擴散，情形如圖25。

在新石器時代，約距今 8,000-6,000 年前，Y2a、F4b、B4b1a2、F1a4、M7c3a、M7c3c、M7b1d3、M7b3a、N9a10、D5b1c1 血緣自東南亞大陸來到台灣，為原南島語族（Proto-Austronesian Speakers）的血緣。

B5b1 血緣在 9,000-6,000 年前自中南半島遷移至婆羅洲。B5a、F1a1a 血緣在 4,000 年前自中南半島遷移至婆羅洲、菲律賓再到台灣。

在 8,000-6,000 年前 E1a、E2b、F3b1a、B4a1a 血緣自菲律賓擴散到台灣，雖然 B4a1a 血緣在可能有更早的發生年代 [1, 2]，但這血緣是誕生在包括菲律賓及台灣在內的東南亞島嶼。在 4,000 年前 Y2a1a、B4b1a2、F1a4、M7c3c、M7b3a、D5b1c1a 血緣再自台灣擴散出去到東南亞島嶼，後來繼續擴散到太平洋島嶼，即出台灣，Out of Taiwan[1, 2, 9, 12, 19, 20]，擴散出去的血緣並沒有之前推測的多，而是約占移入血緣的 20%。[12]

總結來說，每個血緣都有自己獨特的遷移史，如上述的 B4a1a 及 E 血緣群有不同遷移時間及遷移的方向，兩個遷移的方向剛好相反，B4a1a 血緣自台灣向南擴散，而 E 血緣自南方的東南亞島嶼向北擴散到台灣。

過去考古人類學的研究認為，東南亞島嶼族群是在 5 萬年前冰河時期先由第一波黑膚色（Autralo-Melanesian）的人種到達古代

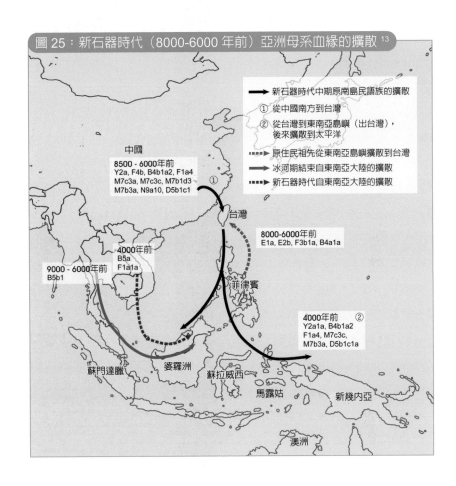

圖 25：新石器時代（8000-6000 年前）亞洲母系血緣的擴散 [13]

每種血緣都有其獨特的遷移史，具不同的遷移時間及方向。

的東南亞、巽他大陸及莎湖大陸（現在的澳洲、新幾內亞）。台灣在 8,000-6,000 年前被來自中國南方種植稻米的農夫同時也是發展航海的南島民族所取代或同化。

很可惜的是只有有關「南島語族」的發展及擴散被強調，造成 Bellwood 快車說的盛行，使得考古學及遺傳學的研究一直把重點放在 6,000 年前，只注重在新石器時代來自中國南方的原南島語族及後來從台灣擴散的南島民族學說，而忽略台灣的來自巽他大陸的血緣。我們想南島民族的擴散主要是屬於語言、文化。基因的研究證明在 4,000 年前一批主要是南島民族的高山原住民的血緣「走出台灣」，然而其中的 M7c3c（原稱 M7c1c）在台灣廣泛分布在台灣人、雅美族及平埔族（沒在高山原住民），這個血緣 4,000 年前自台灣擴散到東南亞島嶼的菲律賓和印尼。

我們血緣的研究看到更古老的遷移，有些台灣原住民血緣更可追溯到 10,000 年以上（圖 23），不只來自亞洲大陸的南方，還有冰河時期來自巽他大陸經菲律賓到達台灣的移民，在舊石器後期古老的移民有 E1、E2、F3b 血緣。我們的研究也顯示，不同的血緣在不同的時間，做不同路線的遷移。菲律賓與台灣原住民有密切的血緣關係，大部分（約 80%）的菲律賓母系血緣是與台灣原住民共有血緣，來自相同的基因庫。[20]

Tips

南島民族的擴散，除血緣方面的研究，還有文化、語言上的學說，是複雜且意見分歧的。

快車說

快車說或出台灣說（The Express Train from Taiwan to Polynesia），
推測在 4,000 至 3,500 年前，起源於東亞或東南亞的新石器時代的航海
者快速地自原鄉經由美拉尼西亞，以極快的速度穿越巴布亞族的領土，
直接進駐遠大洋洲以前無人居住過的島嶼。支持快車說的學者多是考古
學和語言學的研究者，推論的南島原鄉在台灣（P. Bellwood）。（資料
來源：張至善〈南島語族的遷徙〉，《科學發展》，2013 年 9 月）

慢船說

與「快車說」相對，慢船說（Slow Boat Model）是由遺傳基因研究和
考古資料所建立的，這個假說認為玻里尼西亞的南島語族源自於包括東
南亞、台灣、中國華南在內的大東亞範圍，以東南亞島嶼做為中途站。
也有學者指出玻里尼西亞的南島語族並非源於中國、台灣，而是位於印
尼東部，也就是新幾內亞島嶼和華萊士線之間的某處。（資料來源：張
至善〈南島語族的遷徙〉，《科學發展》，2013 年 9 月）

華萊士線

華萊士線（Wallace's Line）是生物學家華萊士（Alfred R. Wallace）根
據動物相的差異，在印尼群島之間所畫出的分界線。界線以東稱作東洋
區，以西稱作澳大拉西亞區。

2.3　台灣高山原住民的父系血緣[21]

　　在台灣高山原住民的父系血緣，我們發現有三個主要的單倍群
（haplogroup）：O1a*、O1a1* 及 O1a2 單倍群。如同母系血緣，
台灣高山原住民不同族群間擁有共同的父系血緣，來自共同的基
因庫。

O1a1* 除布農族外，所有高山原住民以高頻率出現（>50%），特別在泰雅族、太魯閣族及鄒族有超過90%屬於這血緣。這血緣也出現在台灣人、東南亞島嶼族群及東南亞大陸族群，被認為是越族的特徵血緣。然而台灣原住民的 O1a1* 可以經 Y-STR 的測試與越族的 O1a1* 分別出來。O1a* 見於大部分的台灣原住民，台灣人少見。

在台灣原住民（大部分的高山族、巴宰族及西拉雅族平埔族）都有 O1a2 父系血緣，而 O1a2 血緣除在菲律賓、印尼看到外，也在馬達加斯加及太平洋海上的所羅門群島看到，這些地方都是屬於南島民族的地方。我們 Y-STR 分析的結果發現，馬達加斯加及所羅門群島的 O1a2 父系血緣和台灣原住民（高山原住民與平埔族）有直接父系血緣關係，證明台灣原住民和台灣島之外的南島民族有直接父系血緣關係，這是繼台灣原住民 B4a1a 母系血緣與玻里尼西亞人有直接血緣關係後的重大發現，即台灣高山及平埔原住民已在千年前經浩瀚的印度洋及太平洋擴散到馬達加斯加及玻里尼西亞。

以布農族為例，血緣出現上述三個單倍群中的 O1a2 血緣（61%），也出現不見於其他高山原住民的 O2a1a 父系血緣（38%）。O2a1a 血緣屬於中南半島的血緣，可能來自平埔族（平埔族的拍瀑拉及西拉雅族有 O2a1a 血緣）。布農族的 O2a1a 血緣與馬達加斯加及所羅門群島上的 O2a1a 血緣（Y-STR）比較分析結果，發現沒有直接的血緣關係。

以阿美族的父系血緣為例，除有 O1a*、O1a1* 單倍群外，尚有少見於其他高山原住民的 O3a2c* 單倍群血緣（35%），O3a2c* 血緣也見於西拉雅族。經進一步 Y-STR 分析，發現阿美族和西拉雅

族的 O3a2c* 與所羅門群島的 O3a2c* 父系血緣有直接血緣關係，可以推論所羅門群島上的父系血緣是來自台灣原住民，這與美國 Herrera 的 2014 年報告一致。[22]

台灣高山原住民的不同族群，共同擁有三個主要的 Y-SNP 父系血緣：O1a*、O1a1* 及 O1a2 單倍群血緣，然而經由 Y-STR 父系血緣 Phylogram tree 的分析，高山原住民可分成 6 群組（圖 32），顯示在不同族群中演化成族群特殊的血緣。高山原住民的母系血緣（參 2.2）的情形和父系血緣相似，不同族群間擁有共同的血緣，顯示台灣高山原住民來自相同的基因庫。

台灣高山原住民父系血緣

O1a2	台灣原住民（大部分的高山族、巴宰族及西拉雅族平埔族）帶有這個血緣，與馬達斯加加及太平洋海上的所羅門群島有直接血緣關係。
O2a1a	見於布農族（38%），不見於其他高山族；血緣可能來自中南半島或平埔族（拍瀑拉及西拉雅族）
O3a2c*	見於阿美族及西拉雅族，與所羅門群島有直接血緣關係。

知識補給

Y-STR 分析

STR（short tandem repeat，短重複序列）是一種重複序列，通常重複 5-50 次，其基本單位介於一至六個核苷酸，而 Y-STR 分析即是分析 Y 染色體上的 STR 重複的組合，因為 Y 染色體完全是父系遺傳，所以祖父、父親、伯叔、堂兄弟、兄弟、兒子和孫子之間的 Y-STR 理論上應完全相同。（資料來源：柯滄銘婦產科網站）

3 非台灣高山原住民

　　包含閩南人、客家人、平埔族、二次世界大戰後隨蔣介石來台的中國各地人及近 20 年來台的新住民。

3.1　平埔族：被漢化的歷史

　　「平埔仔」是清領時期唐山公用來稱呼原定居台灣西部平原的原來居住的人（原住民），清官方則用「熟番」稱呼，是代表身分的名字。1900 年代，由日本人類學家伊能嘉矩轉化爲具民族學意義的「平埔族」。但在日治時期，平埔族被歸類成和台灣漢人一樣的「本島人」。

　　平埔族在清朝大量漢化，漢化過程在清朝官方的記錄可以明顯看到，例如 1704 年嘉義地區行政劃分（圖 26），可見平埔族住的茅房、茅屋聚落被稱爲「諸羅山社」，社就是平埔族聚落的名稱。到了 1760 年，已明顯漢化，開始有城門，變成行政區域的「諸羅縣」；不願意漢化的平埔族則住在城外，仍稱「諸羅山社」（圖 27）。[23]

　　回溯到荷蘭時代（1624-1661 年），平埔族是台灣主要居民（圖 29），推測當時台灣平埔族約有 300,000 人，高山原住民約有 200,000 人。1661 年鄭成功據台後，鄭成功父子一共帶 36,000 中國人進入台灣。1683 年鄭氏王朝被清朝打敗，在 1683-1688 年間，約有 42,000 軍民、文武官員及家眷等，全部從台灣遣送回中國。[24]

圖 26：1704 年（康熙）嘉義地區（諸羅山社）行政劃分

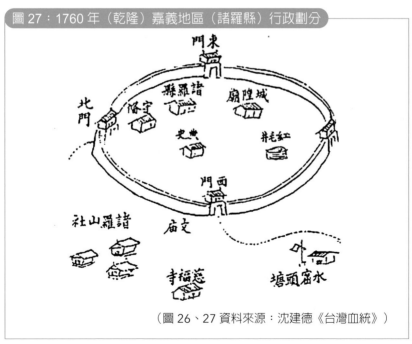

圖 27：1760 年（乾隆）嘉義地區（諸羅縣）行政劃分

（圖 26、27 資料來源：沈建德《台灣血統》）

從 1683 年開始到 1760 年，清朝實施近 100 年的海禁，禁止任何人渡海到台灣，以防台灣再度成爲反清復明的基地，同時清朝每三年輪流派遣 6,000-10,000 人的軍隊到台灣防守。

1756 年海禁尚未解除前，清朝官方的台灣人口統計爲：歸化的土著、流寓（歸化中流動的土著）及社番（未歸化的土著）共有 660,147 人，當時有多少中國人，並無記錄。

1760 年海禁解除，可能有來自中國東南沿海的移民進入台灣，清朝積極推動平埔族的漢化。1778 年（乾隆 42 年）清朝政府將台灣住民戶口的「社番」改爲「民戶」（即漢人）如圖 28，1811 年台灣總人口的 1,944,737 人（嘉慶 16 年《福建通志》記載）來看，其中雖有 42,904 中國人，但以同時期人口的增長率來計算，這近 200 萬的台灣人口（已不分族群）中，應有近 130 萬人來自 1756 年的「番」。

1895 年日本統治時代，將戶口改稱「福（閩）客」，1910 年日本做台灣的人口調查，自認平埔族的人只剩 45,214 人；雖然到 1935 年時，自認平埔族的人提升到 56,700 人，到 1943 年卻下降到零，同年，台灣漢人人口上升達 600 多萬。1947 年，第二次世界大戰後，有 90 萬中國各省分人來台。

2011 年，台灣共有 23,224,912 人，其中台灣高山原住民有

平埔族身分登記

《原住民身分法》通過後，具有平埔族血統之國人，只要直系血親尊親屬在日治時期有「熟番」或「平埔」註記，無論相隔幾代，也不分父系還是母系，更無須改姓或傳統名字，就可以直接申請取得「平埔原住民」身分。

519,984 人；同樣在 2011 年，前往台南（縣）政府登記的平埔族
（西拉雅族）只有 12,640 人。

　　由上述敘述可見，平埔族因漢化變成台灣人而逐漸減少，台灣
漢人人口因此增加（圖 29）。[23, 25]

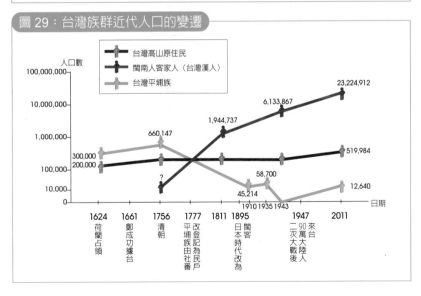

3.1.1 平埔族及台灣（漢）人的母系血緣：研究台灣族群的母系血緣得以追尋平埔族特有的血緣[26]

目前（2017 年）台灣約有 2300 萬的台灣（漢）人，原住民約 55 萬人，平埔族並沒有一個很明確的數字。不過，透過我們母系血緣的研究，發現台灣（漢）人與平埔族母系血緣非常接近，無法清楚的區分。如圖 30，台灣人的母系血緣約 20%－30% 屬於台灣高山原住民的母系血緣；平埔族約 30%－40% 與台灣高山原住民共有相同的母系血緣。

我們的研究也發現，其他 70% 台灣人與 60% 平埔族的母系血緣相近，無法清楚的區分，從母系血緣來看，台灣平埔族與台灣人是很接近的。

另外台灣人帶有台灣高山原住民母系血緣的事實，可從我們為張醫師做溯源檢查結果看到，張醫師的母系血緣是 M7b3 血緣，M7b3 是屬於台灣高山原住民特有血緣，推測在台灣已有 1 萬年以上時間，和張醫師同一母系血緣者，在馬偕醫院的資料中，有泰雅族 41 人（占馬偕資料中泰雅族的 35%），賽夏族 6 人（占 14%），雅美族 8 人（占 10%），及平埔族 10 人（占 3%），可看到張醫師的母系血緣應屬於高山原住民的血緣，特別是屬於泰雅族血緣的機率比較高。這種有台灣高山原住民母系血緣的情形在台灣人常見（20-30%）。值得一提的是，張醫師的外祖母是原住嘉義市綁小腳的台灣人，並非高山原住民。

在台灣人及平埔族的「非台灣高山原住民母系血緣」中，我們實驗室的陸中衡發現約有 148 個血緣是屬於台灣特有的母系血緣（簡稱 TW 血緣），[26] 就是在國際母系血緣發生樹（mtDNA phylotree）找不到（即以前沒被發現過），但在台灣被發現，應屬於台灣特有的母系血緣，推測這些血緣應該是平埔族的祖先到達台灣後演化發展成的新血緣，即平埔族特有的血緣。這些台灣特有的 TW 血緣，占閩南人、客家人母系血緣的20%，平埔族母系血緣的30%。

一般我們檢測母系血緣只定序粒線體 DNA 全長16569個鹼基中15% 的序列，沒有全部定序。如將來有機會做「全長定序」，將

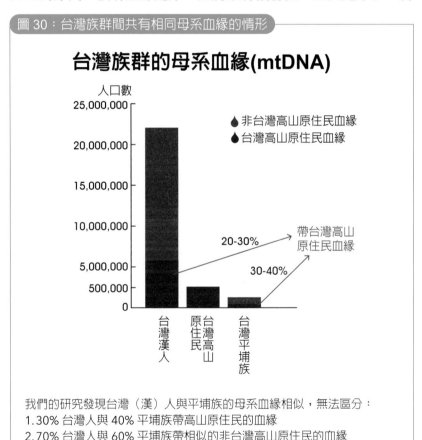

圖 30：台灣族群間共有相同母系血緣的情形

台灣族群的母系血緣(mtDNA)

人口數

● 非台灣高山原住民血緣
● 台灣高山原住民血緣

20-30%
30-40%
帶台灣高山原住民血緣

台灣漢人　台灣高山原住民　台灣平埔族

我們的研究發現台灣（漢）人與平埔族的母系血緣相似，無法區分：
1. 30% 台灣人與 40% 平埔族帶高山原住民的血緣
2. 70% 台灣人與 60% 平埔族帶相似的非台灣高山原住民的血緣

找到更多的 TW 血緣，台灣人與台灣平埔族的關係將更清楚。

　　從台灣特有 TW 血緣的發現，觀察到 TW 血緣同樣分布在閩南人、客家人、平埔族的母系血緣中，可以解釋「有唐山公、無唐山媽」的諺語，即在唐山公移民到台灣之初，因無唐山媽，通過與台灣平埔族婦女通婚，平埔媽的血緣（TW 血緣）就分布到閩南人、客家人的母系血緣中。

　　更重要的是印證了，平埔族在清領時期大量漢化變成閩南人、客家人的歷史，所以為什麼 TW 血緣同樣分布在閩南人、客家人、平埔族的母系血緣中，也就是大部分的台灣人是平埔的後代。

　　圖 31 可見到 148 個 TW 血緣中的 「M10a1aTW」 血緣，從原 M10a1a 母系血緣演化發展的過程。

　　M10a1a 血緣是從 M10a1 演化過來的，M10a1 血緣在粒線體 DNA（mtDNA）的第 16129、13135 鹼基發生變異，演化成 M10a1a 血緣。

　　接下來分成 2 個分支，左邊的綠色框分支及另外有三個鹼基（9932、10245、15109）變異的分支，後者把 M10a1a 再分成兩個分支，即右側的黃框分支，這分支內四人之中的二人為中國人 （JA1857、JA1869），另外二人有一個澎湖人（Penhu1）及一個宜蘭人（IL06），這個血緣也是屬於 M10a1a，發生的時間大約 5,216 年前；另一支為中間的紅框分支，只有在台灣發現，這四個人都是台灣人（AD652、TDC66、TDC74、NTP251），所以這是一個台灣特有的，應該是平埔族的血緣（M10a1aTW）。因血緣發生的時間大約 4,554 年前，代表平埔族在台灣至少 4,500 年以上。TW 血緣約占台灣人口（母系血緣）的 20%。

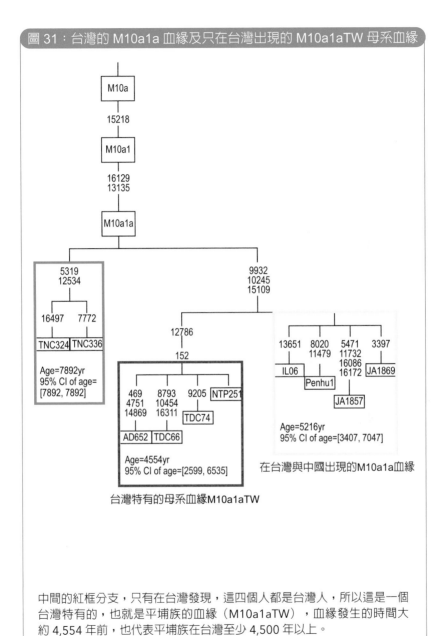

圖 31：台灣的 M10a1a 血緣及只在台灣出現的 M10a1aTW 母系血緣

中間的紅框分支，只有在台灣發現，這四個人都是台灣人，所以這是一個台灣特有的，也就是平埔族的血緣（M10a1aTW），血緣發生的時間大約 4,554 年前，也代表平埔族在台灣至少 4,500 年以上。

3.1.2 平埔族及台灣（漢）人的父系血緣 [21]

● Y-STR 分析結果

我們用 Population mixture analysis by clustering of groups of individuals（族群混血相關分析） BAPS 分析，依台灣不同族群的 Y 染色體上 Y-STR（7 個 STR）的結果，劃分成不同的 cluster（群組）分析，再看 cluster 互相之間關係、比較血緣關係的遠近。

圖 32 是 phylogenetic tree 簡化圖，結果共得 10 個群組，除了泰北阿卡族的群組外，其他 9 個群組中的 6 個是屬台灣高山原住民，剩下 3 個群組中有 2 個屬於台灣（漢）人的群組：一為台南沿海、越南、泰國、印尼、沖繩的父系血緣；另一為高雄內門、台中清水、台灣西部沿海、閩南人客家人、福建及緬甸仰光的父系血緣。

最後的一個群組為平埔族的父系血緣，有台南西拉雅族、花蓮西拉雅族、屏東西拉雅族、凱達格蘭族、巴宰族、阿美族及菲律賓人的父系血緣。

所以分析結果可見平埔族與台灣人有些微的區別，台灣人是跟福建、緬甸等相近；平埔族（西拉雅族、巴宰族、凱達格蘭族）的父系血緣與阿美族、菲律賓人相近，表示平埔族的父系血緣仍然保存了不少原本原住民的血緣（O1a*，O1a1*，O1a2 血緣），所以平埔族原本屬於原住民的父系血緣被保留下來，沒有消失。

我們平埔族父系血緣的研究結果配合了民族學的發現，即原本母系社會的平埔族（西拉雅族、巴宰族、凱達格蘭族等）漢化後部分轉變為父系社會，因此保留了原有的父系血緣。

平埔族的父系血緣除了有上述的高山原住民血緣之外，尚有不少比例的東南亞大陸的血緣（O3a2c1a、O3a1c1）。

我們研究台灣（漢）人的父系血緣，發現台灣人的父系血緣大部分屬於來自東南亞大陸的 O3a2c1a、O3a1c1 血緣及（百）越族

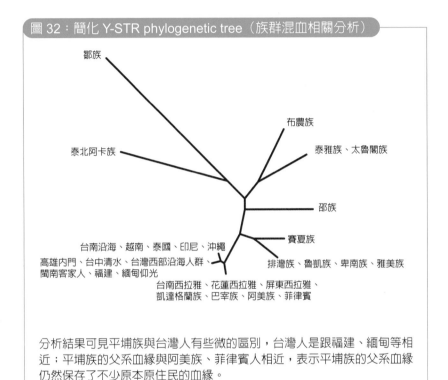

圖 32：簡化 Y-STR phylogenetic tree（族群混血相關分析）

鄒族

布農族

泰雅族、太魯閣族

泰北阿卡族

邵族

賽夏族

台南沿海、越南、泰國、印尼、沖繩

高雄內門、台中清水、台灣西部沿海人群、閩南客家人、福建、緬甸仰光

排灣族、魯凱族、卑南族、雅美族

台南西拉雅、花蓮西拉雅、屏東西拉雅、凱達格蘭族、巴宰族、阿美族、菲律賓

分析結果可見平埔族與台灣人有些微的區別，台灣人是跟福建、緬甸等相近；平埔族的父系血緣與阿美族、菲律賓人相近，表示平埔族的父系血緣仍然保存了不少原本原住民的血緣。

知識補給

phylogenetic tree
是表明被認為具有共同祖先的各物種間演化關係的樹狀圖，是一種親緣分支分類方法（cladogram）。在圖中，每個節點代表其各分支的最近共同祖先，而節點間的線段長度對應演化距離（如估計的演化時間）。

的 O1a1* 血緣（越族的 O1a1* 血緣與高山原住民的 O1a1* 血緣分開）。

父系血緣族群的分析發現，台灣人與福建、印尼及中南半島的泰國、越南、緬甸相近（圖32），這些來自東南亞大陸的父系血緣有可能是近代400年的移民（尤其1850年以後移民），即來自中國東南沿海的唐山公，或是近600年活躍於東海及南海的武裝經商集團（海盜）的後代。

但從母系血緣的研究結果推測，這些來自東南亞大陸的父系血緣，更有可能是數千年前的移民（即屬平埔族原有的血緣），因為這些血緣也在平埔族以高頻率出現；而且在我們最近檢測台灣西部代代原住沿海的居民的血緣，也發現這些東南亞大陸的 O3a2c1a、O3a1c1、O1a1* 血緣以高頻率出現。

遺憾的是父系血緣不像母系血緣可以研究及計算 2,000 年以前或比 2,000 年更早之前人類的遷移，現今的分子人類學父系血緣研究方法（Y-STR）尚無法區分父系血緣是近代移民或是古代移民。希望將來有方法可證明大部分來自東南亞大陸的父系血緣是屬於數千年前的移民，即屬平埔族原有的血緣，而部分是近代移民唐山公的後代。

● Y-SNP 分析結果

圖33 Y-SNP 的分析顯示台灣高山原住民的父系血緣因為有三個主要單倍群（O1a*、O1a1 * 及 O1a2 單倍群）而與亞洲其他族群分開，在分析圖上台灣高山原住民（紅點）在分析圖下方做橫向分布。圖中，阿美族接近西拉雅族及巴宰族（紅點 20 及藍點 23、

24），正如圖32Y-STR的分析看到的平埔族的父系血緣與阿美族相近，因為阿美族的父系血緣有別於其他高山原住民有帶O3a2c*單倍群（35%），而這O3a2c*血緣很也常見於西拉雅平埔族。

圖33的左邊，可見台灣人、閩南人、福建人、印尼、菲律賓、台灣平埔族（凱達格蘭族、西拉雅族、巴宰族）、西海岸台中清水的拍瀑拉平埔族、雲林縣古老家族的後代、東南亞大陸的族群相聚在一起，這是因為這些族群都帶有O1a1*、O3a2c1a、O3a1c1血緣而相互關連，這些血緣可能是近幾千年經海路、南海的海上貿易網相互遷移而成的。從父系血緣看台灣人與平埔族的關係很像在母系血緣看到的情形，台灣人與平埔族兩者父系血緣分布的情形很像，只差在平埔族有較多高山原住民的父系血緣的成分。

圖32上Y-STR的Phylogram tree（血緣發生樹）所顯示在樹下方的兩個台灣人及一個平埔族的群組，及圖33的Y-SNP的父系血緣分析圖中非台灣高山原住民族群的群聚與東南亞大陸及東南亞島嶼族群血緣的密切關係中，都可以看到台灣人、平埔族與東南亞大陸及東南亞島嶼族群血緣的密切關係，這可以呼應從母系血緣發現到的台灣人及平埔族（3.1.3提到的南島人）密切的血緣關係。

Y-SNP 分析

SNP（Single Nucleotide Polymorphism，單核苷酸多態性）指的是由單個核苷酸A、T、C或G的改變而引起DNA序列的改變。Y-SNP分析即是分析Y染色體上的SNP，透過此一研究，可以了解人類父系血緣的遺傳譜系。

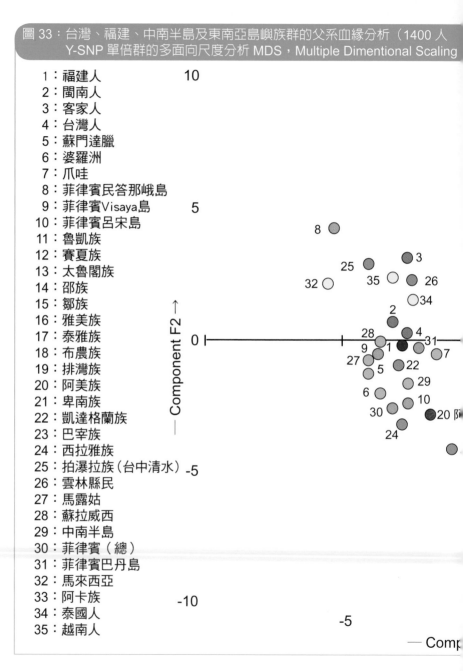

1：福建人
2：閩南人
3：客家人
4：台灣人
5：蘇門達臘
6：婆羅洲
7：爪哇
8：菲律賓民答那峨島
9：菲律賓Visaya島
10：菲律賓呂宋島
11：魯凱族
12：賽夏族
13：太魯閣族
14：邵族
15：鄒族
16：雅美族
17：泰雅族
18：布農族
19：排灣族
20：阿美族
21：卑南族
22：凱達格蘭族
23：巴宰族
24：西拉雅族
25：拍瀑拉族（台中清水）
26：雲林縣民
27：馬露姑
28：蘇拉威西
29：中南半島
30：菲律賓（總）
31：菲律賓巴丹島
32：馬來西亞
33：阿卡族
34：泰國人
35：越南人

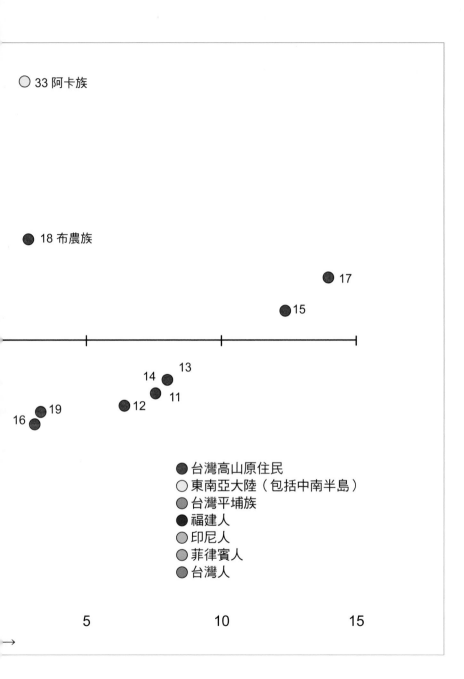

○ 33 阿卡族

● 18 布農族

● 17

● 15

13
14
● 11
● 12
● 19
16 ●

● 台灣高山原住民
○ 東南亞大陸（包括中南半島）
● 台灣平埔族
● 福建人
● 印尼人
● 菲律賓人
● 台灣人

5   10   15

→

海盜活動與台灣人血緣的關係

東海及南（中國）海的海盜與台灣人的關係密切，在 1563 年就在台江內海有海盜盤據的記錄，[27] 1626 年葡萄人所繪台江內海（台南海岸）（圖 34）畫的右上方，紅箭頭所指的是「漢人漁民與賊仔」居住的村落。

明朝末年，與台灣相關的中國沿海海盜有林道乾、林鳳、顏思齊、李旦、鄭芝龍等（圖 35）。[28] 據翁佳音教授的研究，台灣許多的海盜村是散布在台灣的西海岸，如高雄茄定、彰化王功等。

中國歷史的「海賊」戰爭始於後漢西元 109 年，記載「海盜」見於《三國志》，記載「倭寇」在《明史》，當時海盜的活動已很猖獗。「倭寇」以前說是日本人，現在已證實多於 90% 是江、浙、閩、粵的中國人，少於 10% 是日本人及少數的韓國人，在1588 年後豐臣秀吉禁止了日本人的海盜作業。[29]

從前台灣的一些港口有海盜活動，部分沿海的聚落形成可能和海盜活動有關，古人為了生存交換物資，因而跟海盜有交流，因此也需要武裝自己，以致古代海盜（海上武裝貿易）與商人往往難以區分。我們研究台灣沿海人群的血緣，常發現在台灣沿海出現東南亞罕見的血緣，如 B6a1 母系血緣等，這現象很可能和古代海盜的活動有關。

Tips

台灣沿海人群有亞洲罕見的血緣，其來源可能和古代海盜活動有關。

圖 34：美麗之島台灣的港口（1626 年葡萄牙人所畫台江內海）

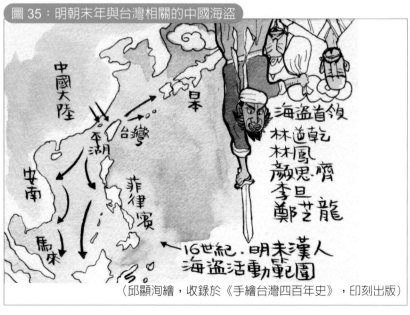
圖 35：明朝末年與台灣相關的中國海盜

（邱顯洵繪，收錄於《手繪台灣四百年史》，印刻出版）

3.1.3　平埔族（台灣人）可能的來源

● 南島人理論

考古學家 Solheim 從考古遺址發掘的陶器而建構「南島人 Nusantao」理論。[30] 南島人理論是新石器時代（距今約 7,000 年前），在南海、東海、印度洋區域發展出來的海上貿易及交通網絡（Nusantao Maritime Trading and Communication Network），在這個網絡中活動的人稱為南島人。

南島人是幾千年來這些海域沿海的居民借著船隻沿著海岸相互移動，形成海上貿易網路，使得相近的海岸、甚至相距很遠的海岸間，經水上交易及交通聯繫，使海岸間比鄰近的陸地有更相近或共同的文化、血緣。

南島人活動的年代及相關的水域共劃分為 4 葉（Four lobes of the Nusantao maritime trading and communication network）見圖 36，最早的早期中心葉海上貿易網是在越南的東海岸，約在 11,000 年前形成。晚期中心葉海上貿易網（和台灣關係最密切）主要在南海，包含台灣、東南亞（包括中國東南沿海）及東南亞島嶼，約 7,000 年前形成。

另一個與台灣相關的是北葉海上貿易網，包含日本和韓國，也是約在 7,000 年前形成。另有西葉海上貿易網，範圍有部分與晚期中心葉重疊，再向西擴及蘇門答臘、斯里蘭卡、印度、馬達加斯加及西非。在這四葉的貿易網，台灣是在中心位置，可以想像台灣在史前有活躍的人群移動，而南島人的活動應該和台灣平埔族的形成有關。

異於在 1.5.1 提到 Bellwood 的南島語族的來源（即原南島語族）

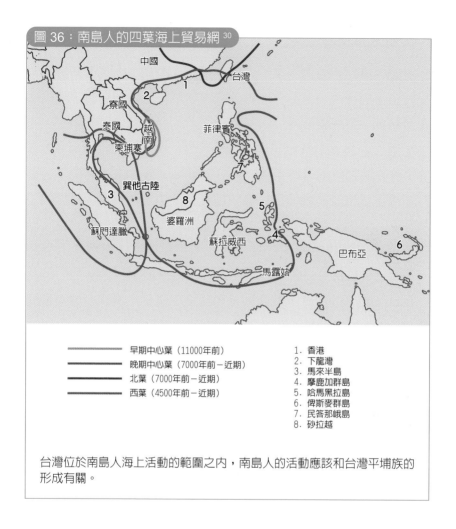

圖 36：南島人的四葉海上貿易網 [30]

中國
台灣
寮國
越南
泰國
菲律賓
東埔寨
巽他古陸
蘇門達臘
婆羅洲
蘇拉威西
巴布亞
馬露姑

━━━━━━ 早期中心葉（11000年前）
━━━━━━ 晚期中心葉（7000年前－近期）
━━━━━━ 北葉（7000年前－近期）
━━━━━━ 西葉（4500年前－近期）

1. 香港
2. 下龍灣
3. 馬來半島
4. 摩鹿加群島
5. 哈馬黑拉島
6. 俾斯麥群島
7. 民答那峨島
8. 砂拉越

台灣位於南島人海上活動的範圍之內，南島人的活動應該和台灣平埔族的形成有關。

是在中國南方，在 6,000 年前因爲稻米的耕作成功，讓人口增加，所以一些人遷移到台灣，發展南島語，成南島語（民）族。Solheim 認爲南島語族是屬於南島人理論的一部分，「南島語」是 7,000 年前當南島人在菲律賓北部、台灣、中國東南沿海及北越從事海上貿易活動時，爲了方便交易發展出來的共同語言。

台灣平埔族的來源

　　一般共識認為台灣（漢）人是在近 400 年來自中國東南沿海移民唐山公的後代，至於在唐山公來之前就已居住在台灣平地的居民被稱為「平埔族」。

　　沈建德、詹素娟教授等根據荷蘭時期的記錄（熱蘭遮城日記等古書籍）填製成的台灣平埔社的分布地圖（圖 37），呈現了荷蘭時期用羅馬拼音記載的上百個平埔社名，中文則為清朝時用的平埔社名；平埔社分布在台灣的西部及北部平原，顯示在荷蘭時期唐山公還沒到達之前，台灣西部北部平原原本就有眾多的居民（平埔社的居民平埔族），如前所述「根據荷蘭占領台灣的時代（1624-1661）的記錄，平埔族是台灣主要居民，推測台灣平埔族約有 300,000 人」[23]（3.1）。

　　我們在過去四年檢測 400 多名居住在台灣西部或北部沿海地區及附近平地的居民，他們都是三代以上住在同一個地方的居民。我們檢測他們父母系血緣的來源，發現主要是來自東南亞、東亞及東北亞，其中 30% 的母系血緣，屬於只見於台灣的 TW 血緣，我們發現這些 TW 血緣和南海的越南、泰國、蘇拉威西、菲律賓，及中國東南沿海的福建、廣東的居民有關，也和日本及韓國人有關，這些地方是南島人晚期中心葉的海上貿易網及北葉海上貿易網的分布地區。

　　我們檢測的這些居住在台灣西部及北部的人，應該是原本居住在台灣西部及北部荷蘭時代平埔社（圖 37）的後代，由我們血緣的研究分析結果，推測這些人的祖先很可能是屬於古代南島人活動及遷移的一部分。

台灣閩客祖籍要從
平埔族的社名找起

圖例

高山族 Mountain Tribes

平埔族 Plain Tribes

白肉底 Yellowish Skin

白肉底 Yellowish Skin

黑肉底 Brownish Skin

黑肉底 Brownish Skin

Ketagalan

Atayal

Saisiat

Taokas

巴宰海族群：岸裡社（大社「神岡大社」、岸東社（大社南）、岸西社
（大社西）、掃捒社（豐原第芬子、另名理想車里
（神岡溪洲）、烏牛欄社（豐原、烏明車里）、
麻里社（豐原仕紳）、另名理想車里
西勢尾社（豐原社段）、蔴薯舊社

Tomel大甲東社
Asuatananangh樂泰社
Warrouar日南社
Warrowan房裡社
Tunsuan
大安

Rapofolang

Raopura
Makaruvu
新丹
Auran 中港社

岸東社
岸裡社
卓蘭
Taranoman蔴薯舊社

西湖
後壠社
通霄 中港社

猫裡入社
（雍正地圖）

Parrouslie
Pertjon
苑裡
竹塹
南崁社（31）Pinorouan
南崁社（31）
牛罵頭社（30）
Kouronangh（29）Soulang

水沙連社中港
（雍正黑台灣地圖）

天巴社
溉仔力社

Posiang嗯咬吧社
新丹
Poaaly竹塹社

Jago
QuilqurriJgo
Matsao
Tappari（5）
Tappari（3）
Chinar（2）
Touckenan（1）
Kipass（4）
Kipatou（O）
王王
金包里
三貂角

Taptap（35）
Kimalitsigan（37）
Kimoauji Jan（38）
Kimassauw（39）
Kibabbau（40）
Kiaaretenoch（41）
Broud（42）
Baracceijan（45）
Sassiangan（46）
Pararie（48）

Talebeouan（43）
Hunurubuhan（44）
Kipottipan（50）
Touchoch（51）
Sitarangot（52）
Tabtobbe（68）

Bedecanan（53）
Raurrauan（54）
Kerriouan（55）
Sauragot（56）
Sochil（57）
Parrissinanan（58）

Parrisinanan（59）

Parrissinanan（67）

Ratiouli（7）
Ratiouli（8）
Portopont（9）
Makatau（10）
Dorkonan（14）
Kibats（22）
Pinnets（16）
Posarevan（21）
Karichowan（17）
Rieu Ricarovan（18）
Karoyan（19）

Peitsie
（28）

Chungtsie
（27）

Pettsie（26）

Kipass（44）

雅
美
族

賽
夏
族

凱
達
格
蘭
族

道
卡
斯
族

巴
布
拉
族

拍
宰
海
族

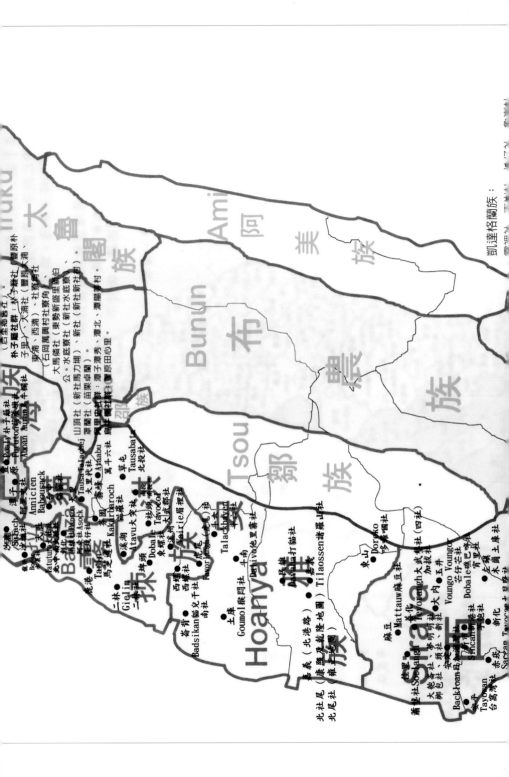

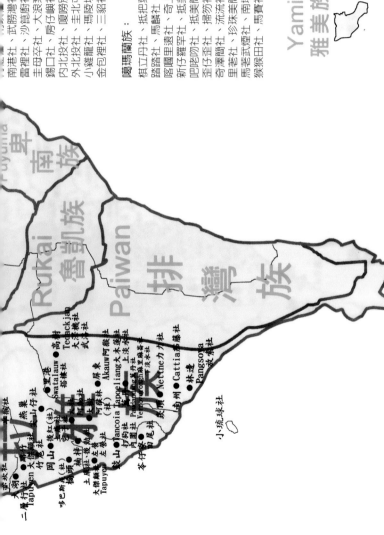

南港社、武勝灣社、擺接社、秀朗社
雷里社、沙蓈尾社、里末社、阿八里社
毛母卒社、大浪泵社、搭搭悠社、里岸社
錫口社、房仔嶼社、嗄嘮別社、毛少翁社、雞柔山社
內北投社、嗄嘮別社、主北屯社、毛少翁社
外北投社、主北屯社、空社、八里坌社
小雞籠社、瑪陵坑社、大雞籠社
金包里社、三貂社

噶瑪蘭族：

棋立丹社、抵把葉社、新仔罕社、奇武暖社
踏踏社、馬麟社、奇蘭武蘭社、打馬煙社
喀裡遠社、奇上板社、里目罕社、抵美福社
新仔羅罕社、抵美抵美社、珍仔滿力社、擺釐社
吧咾吻社、抵美簡社、交羅路社、哆囉岸社
歪仔歪社、掃笏社、打郎巷社、奇武荖社
奇澤簡社、流流社、珍珠美簡社、奇武卒社
里荖社、珍珠里簡社、南搭吝社、打朗米社
馬荖武煙社、南搭吝社、留留仔莊社
猴猴田社、馬賽社、阿里史社

Yami
雅美族 達悟族

卑南族 Puyuma

魯凱族 Rukai

排灣族 Paiwan

小琉球社

凱達格蘭族、噶瑪蘭族社名參考資料：
https://web.archive.org/web/20141014010726/http://www.ianthro.tw/p/41

(原圖為沈建德 2003 年製)

平埔族的定義

　　照一般共識，荷蘭時期平埔社居民的後代，應算是平埔族，因他們的祖先在唐山公來台之前，就居住在台灣。然而，我們如何將他們和現在被認爲是平埔族的西拉雅族、巴宰族、凱達格蘭族等族做區分？

　　這些一直居住在海岸平原的原平埔社的後代，一般自認爲是閩南人、客家人。這些占大部分比率台灣人的原荷蘭時期平埔社的後代，就是所謂「漢化」的平埔社的後代，我們也許可以稱爲廣義的平埔族？而硬頸、到現在還保留原有文化的平埔族如西拉雅族和巴宰族，算是狹義的平埔族？

　　我們發現廣義及狹義平埔族的血緣相似，有相當部分的血緣相互重疊，然而狹義的平埔族保留了較多高山原住民的血緣。我們相信族群的歸屬主要是靠文化上的認同，所以廣義的平埔族還是台灣人，狹義的平埔族就是平埔族。

　　因此今日台灣主要的族群「台灣人」大部分爲原平埔社的後代，來源應該是多元的南島人，所以我們看到多元血緣的台灣人。

廣義的平埔族	1. 荷蘭時期，台灣沿海居民平埔社的後代 2. 經過「漢化」 3. 血緣與狹義的平埔族重疊 4. 現以「台灣人」稱之
狹義的平埔族	1. 西拉雅族、巴宰族等目前官方承認的「平埔族」 2. 保留原有文化 3. 血緣與廣義的平埔族大部分重疊 4. 保留較多高山原住民血緣

● 其他考古證據

考古的研究發現，台灣花蓮古代的豐田玉在越南、菲律賓、泰國、婆羅洲和蘇拉威西等地 3,500 年前的古代遺址中發現，證明豐田玉已經由古代南島人的海上貿易網從花蓮帶到遙遠的中南半島及菲律賓等東南亞島嶼（圖 38）。[31]

台灣四周環海，在不同的季節有不同的海流，夏天西南季風，有西南洋流和黑潮；冬天除黑潮，有東北季風，所以人們從四面八方可以順著海流來到台灣。[23]

因此，台灣島上布滿史前遺址，在第二次世界大戰結束時，日本考古學家已發現超過 1,200 處史前遺址，分布在台灣沿海（主要在西部及北部）及部分山區。目前台灣的史前遺址總數已經超過 2,000 處，表示台灣有活躍的史前人類活動。

我們實驗室的古代 DNA 研究也發現，距今 3,000 年前的花蓮嶺頂遺址中，有屬於東北亞、東亞、東南亞族群及台灣原住民的遺骸。（詳見輯二之 2）

2,400-1,800 年前，新石器時代後期，台灣各地突然出現許多不同的成熟文化，如圖 39 所見（請見後頁）圓山文化、芝山岩文化、營埔文化、卑南文化、麒麟文化等。雖然有些文化如營埔文化是由牛罵頭文化發展而來，然而有不少外來的文化移入，如圓山文化和中國東南沿海有關；甚至也有不知來源的文化，如麒麟文化。[32] 顯示不同的人群從不同的地方來到台灣，因此配合了南島人的理論，台灣應屬於古代南島人活動的一環。

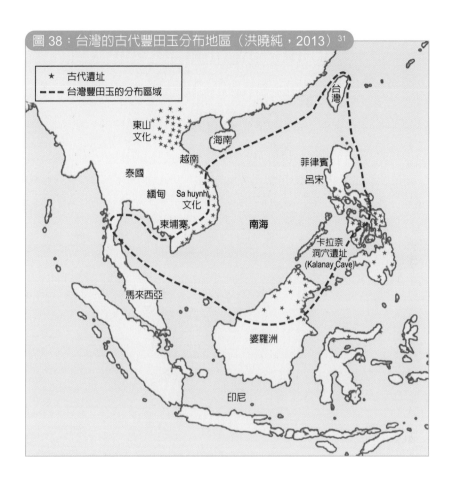

★　古代遺址
- - - 台灣豐田玉的分布區域

東山
文化

海南

越南

泰國

緬甸　Sa huynh
文化

柬埔寨

菲律賓
呂宋

南海

卡拉奈
洞穴遺址
(Kalanay Cave)

馬來西亞

婆羅洲

印尼

台灣

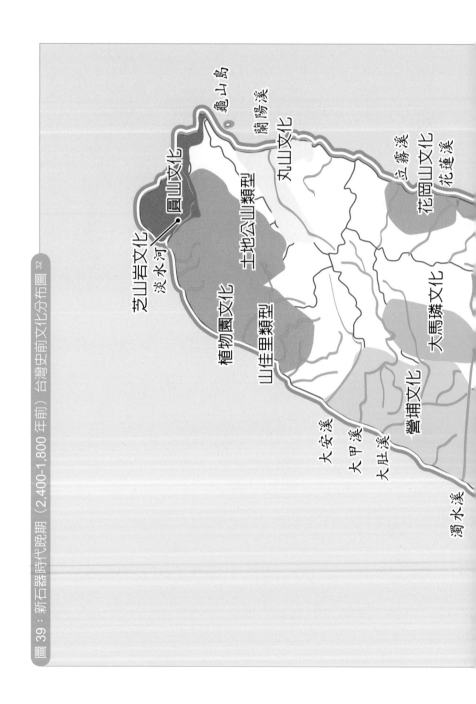

圖39：新石器時代晚期（2,400-1,800 年前）台灣史前文化分布圖 [32]

芝山岩文化

圓山文化

淡水河

植物園文化

土地公山類型

山佳里類型

龜山島

蘭陽溪

丸山文化

立霧溪

花岡山文化

花蓮溪

大馬璘文化

營埔文化

大安溪

大甲溪

大肚溪

濁水溪

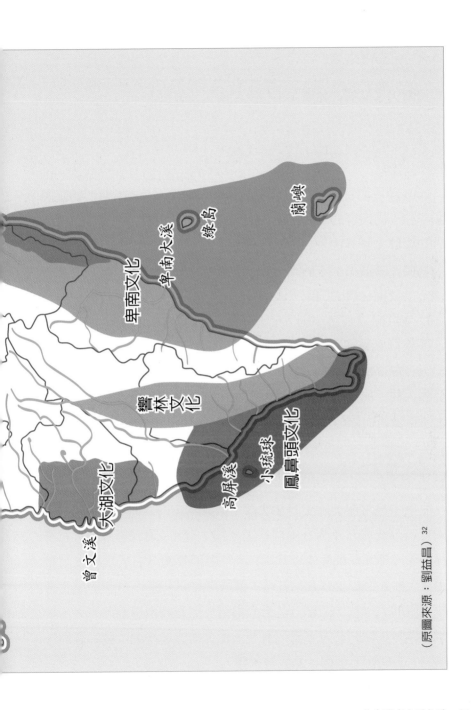

蘭嶼

綠島

卑南大溪

卑南文化

鬺林文化

高屏溪

小琉球

鳳鼻頭文化

大湖文化

曾文溪

（原圖來源：劉益昌）32

3.2　台灣人

台灣人，又稱台灣漢人，包含閩南人及客家人。

3.2.1　台灣人是南亞洲人種

2001 年我們實驗室以閩南人、客家人 HLA（組織抗原）的基因頻率和不同族群的資料比較，發現閩南人、客家人是屬於亞洲南方的族群，並不是北方人，是南亞洲人。[33]

我們一共使用 136 個閩南人及 99 個客家人的 HLA-A,B,C 基因頻率，發現台灣的閩南人及客家人，也就是所謂的「台灣人」，是近幾世紀以來自中國大陸東南沿海地區移民的後代，在基因上經族群關係樹（phylogenetic tree）（圖 40）及族群相關分析（correspondence analysis）研究後，發現閩南人及客家人是屬於南亞洲人種，所以配合民族史的記載，當時認為「台灣人」是亞洲大陸東南沿海原住民「越族」的後代。

中國原本的兩個基因系統

北京中科院與美國史丹佛大學 Cavalli-Sforza 的研究顯示，中國自古分成北方及南方兩個基因系統（由於長江所形成的天然屏障，古人不可能隨意渡過長江），[34] 中國東南沿海居民原本就是越族，雖然歷史上有五胡亂華、魏晉南北朝、還有 13 世紀蒙古游牧民族的大屠殺，使部分北方人南遷，但當時南遷的北方人，後來有部分又回到北方，雖然有些人留在南方，不過少數的基因，遇到大量的南方基因，基因被稀釋。

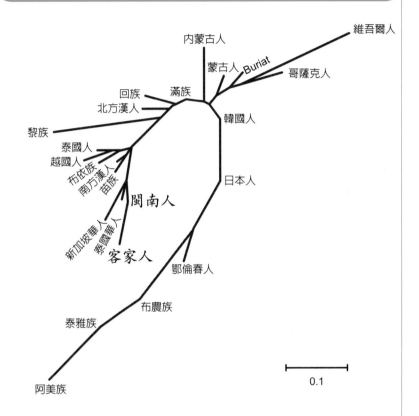

圖 40：閩南人、客家人 HLA-A,B,C 的基因頻率和不同族群（11th IHW）資料建構的 neighbor-joining 族群關係樹 [33]

維吾爾人

內蒙古人

蒙古人 Buriat

哥薩克人

滿族

回族

北方漢人

韓國人

黎族

泰國人

越國人

布依族

南方漢人

苗族

日本人

閩南人

新加坡華人

泰國華人

客家人

鄂倫春人

布農族

泰雅族

阿美族

0.1

研究結果顯示，台灣人（閩南人及客家人）的基因是跟泰國、越南等南亞洲人群組在一起，和北方漢人分開。

Tips

台灣人是亞洲大陸東南沿海原住民「越族」的後代。

關於中國南方族群的命運，傳統上錯誤的認爲是幾千年來中原漢人的人口膨脹及擴散取代了原住在中國南方的原住民族，但最近關於中國歷史及基因的研究，發現了所謂的南方漢人，主要是在近百年，因政治理由，從原住民（包含越族）漢化而成。[35] 中國南方族群的結構，在過去幾千年，沒有顯著的變化。[7]

　　許多組織抗原研究的結果，長久以來即已經知道北方漢人及南方漢人在基因上不同，這和中國歷史相配合。A33-B58-DRB1*03（即 A33-Cw10-B58-DRB1*03-DQB1*02）是「台灣人」最常見的組織抗原單倍型，頻率爲 6.3%，而這個單倍型在新加坡華人及泰國華人也是最常見，顯示這是被完整保留下來的古代越族的基因。

　　此外，最近的考古研究發現在中國南方，在同一個久遠的年代存在另一個獨立且不同於中原文化的「越沿海文化」，從長江三角洲到越南北方的紅河三角洲。

　　「中原文化」是在中國北方黃河的黃土高原發展出來的，從最近挖掘出來的粟米（millets）可以追溯到公元前 6-7 千年之久。中原文化在夏、商、周時期是在長江以北，直到秦朝（公元前 221-206 年）後政治的勢力才及於中國的中南方。但是南方的歷史只

越族

「越族」是指中國東南沿海（浙江、福建、廣東及廣西）的居民，在漢朝以前，因為這地區文化的多樣性而被稱為「百越」。除了春秋戰國的吳越相爭及在漢朝時期部分越族的北移外，在中國的歷史（即中原文化的歷史）並沒有太多有關越族的記載，因為在中國的歷史除了中原文化外，其他族群均屬「蠻族」。

從公元前 500 年左右吳越相爭之前才有記錄，如越王勾踐的「臥薪嘗膽」復國的故事。

在福建，到現在還有許多人自認是純種北方漢人的後代，廈門大學林惠祥教授的《中國民族史》[36]（1936 年）曾寫到：「我福建人若堅執必為漢族之純種而以族譜之記載為證據，是真為固陋而自欺。」因為族譜很多都是假的，而且越族原本沒有姓氏，就像現在的台灣原住民一樣，越族現在的姓氏來自於明末的「皇帝賜姓」，賜姓同時，也給他們一個祖先，例如賜姓劉，就奉劉邦為祖先。

根據林惠祥及 Meacham 的研究，今日的閩人是東南沿海地區原住民「越族」的後代，雖然在秦漢及接下來的魏晉南北朝五胡亂華時期，因為戰亂北方中原人士紛紛南遷，而有可能引起部分有限的中原基因滲入。當「越」的文化漸漸被「漢」化後，「越族」就在歷史上被改名成「漢族」，導致今日台灣的閩南人錯誤的判斷且自認為是純種北方漢族的後代。

在中國歷史上許多民族接受漢文化而漢化，後來這些人民也常常宣稱自己是漢族，這是因為在過去漢文化是強勢文化，所以當了漢人可得到利益及社會地位。在客家人的情形也是相似，在南宋（1127-1279 年）或更早的時期，有少數的中原家族南遷到東南沿海的山區，這些人以強勢的漢文化在文化及語言上影響周遭的原住民，特別是住在廣東的越族，所以以早期的少數中原移民加上眾多的越族而成客家族群。

Tips

因長江形成天然屏障，中國自古分成北方及南方二個基因系統。

3.2.2　85% 台灣人帶原住民基因

　　2001 年發表〈從 HLA 推論台灣人的來源〉[33] 後，我們的實驗室才開始發展及檢測了台灣各族群及台灣周圍族群的母系血緣，2004 年我們也逐漸擴及全面父系血緣的研究。我們在 2007 年整理了 100 位當時來我們實驗室做尋根檢查的台灣人的父系血緣、母系血緣及組織抗原的資料（HLA Class I & II 單倍型，HLA-A,B,DRB1），結果是這 100 人裡面有 47% 的母系血緣是屬於台灣原住民或東南亞島嶼族群（就是菲律賓與印尼血緣，是平埔族有關的血緣）；48% 屬於東南亞大陸（中南半島及中國長江以南）及亞洲大陸；5% 屬於日本。

　　至於父系血緣，我們分析 58 個男性（100 人中 58 人是男性），結果是：41% 可以歸類為台灣原住民、或是東南亞島嶼族群；59% 屬於亞洲大陸血緣。

　　我們將每人父母系血緣的結果一起逐一做詳細的分析，發現 100 人中 67 人的父母系血緣是混合了來自台灣原住民、東南亞島嶼族群或東南亞大陸的血緣，而這 67 人的父母血緣中至少有 1 血緣為台灣原住民或東南亞島嶼族群的血緣。剩下 33 人的父母系血緣全來自福建、廣東或亞洲大陸。這 33 人的 HLA，其中的 18 人帶來自台灣原住民的 HLA 的單倍型，其他 10 人 HLA 的單倍型是屬於中國東南沿海的越族的血緣，最後 5 人的 HLA 單倍型屬於中東、西藏、歐洲及北方漢人。因此，67% 加 18% 等於約 85% 的台灣人帶有台灣原住民或東南亞島嶼族群的血緣（東南亞島嶼族群的血緣是平埔族有關的血緣），而不是北方漢人的後代。這個結果讓許多人驚訝、不高興，甚至指控我們計算錯誤。

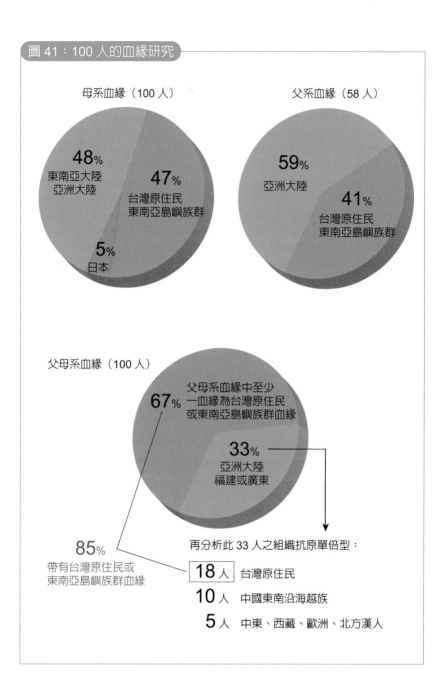

圖 41：100 人的血緣研究

母系血緣（100 人）

48%
東南亞大陸
亞洲大陸

47%
台灣原住民
東南亞島嶼族群

5%
日本

父系血緣（58 人）

59%
亞洲大陸

41%
台灣原住民
東南亞島嶼族群

父母系血緣（100 人）

67%
父母系血緣中至少
一血緣為台灣原住民
或東南亞島嶼族群血緣

33%
亞洲大陸
福建或廣東

85%
帶有台灣原住民或
東南亞島嶼族群血緣

再分析此 33 人之組織抗原單倍型：

18 人　台灣原住民

10 人　中國東南沿海越族

5 人　中東、西藏、歐洲、北方漢人

2000 年，我們發表台灣原住民 HLA 的基因研究，[17] 當時我們以 HLA Class I（HLA-A,B,C）單倍型的分布情形探討九族高山原住民加上巴宰平埔族與南北亞洲人的關係，我們同時比較台灣原住民與台灣人之間的關係，發現有 13% 有相同的 HLA Class I（HLA-A,B,C）單倍型。

　　2007 年，我們加入 HLA Class II（HLA-A,B,DRB1）單倍型的資料，再增加許多西拉雅平埔族（401 人）的資料重新比較，發現台灣人與台灣原住民之間特別是與平埔族有相當多的共同單倍型（基因）。如上述的 33 人中 18 人帶台灣原住民的 HLA 單倍型（18/33=55%），所以是父母系血緣的資料加上 HLA-A,B,DRB1 單倍型的資料，得到 85% 台灣人帶台灣原住民的基因。下一節（3.2.3）2015 年之研究，同樣可看到台灣人有 56% 帶原住民的 HLA-A,B,DRB1 單倍型。台灣是多元族群的社會，所以在探討族群之間的關係時，不只 HLA，父母系血緣更需要參與探討，所以 85% 台灣人帶台灣原住民基因的事就不足為奇了。

Tips

根據 100 人的父母系血緣及組織抗原研究，有 85% 的人帶有台灣原住民或東南亞島嶼血緣（平埔族有關血緣）。

3.2.3 台灣人是許多族群的混居混血結果： 純漢人基因頻率在台灣人口中僅占 14%

2015 年，我們因課綱微調事件（推翻以台灣爲主體、改爲以中國爲主體的史觀），分析當時 102 位台灣民眾在我們實驗室做溯源檢查得到的結果，發表〈台灣人的 DNA，從 DNA 數據看台灣人與世界其他族群的關係〉。

在總共 102 位台灣民眾的資料中，若考慮父、母系血緣、組織抗原三項系統均爲漢人血緣者，只有二人（1.96%）。若將此 1.96% 當作台灣人口中的純漢人（X^2），估計台灣人口中純漢人的基因頻率（X）約 14%（開平方 1.96%=14%；請參考哈溫定律），而台灣人口中其他血緣的基因頻率則爲 86%（1-X）。

此外很有趣的是，在我們組織抗原（HLA）資料中，外國人的基因（或單倍型）頻率要比純漢人的基因頻率更高；台灣原住民族的基因頻率則高達 56%（代表兩個台灣人中就有一個以上具有台灣原住民族的血緣）。

台灣人的 DNA

	中國漢人	台灣原住民	外國	閩南、客家人
父系血緣（84 人）	27%	44%	10%	19%
母系血緣（102 人）	33%	54%	2%	11%
組織抗原（97 人）	6%	56%	19%	19%

台灣原住民也包括平埔族；外國則是指來自西伯利亞、東北亞、中南半島、南亞、中東、歐洲等地非華人且非台灣原住民族的血緣。

先前被「微調」的新版課綱，認為台灣人與中國人關係的正當性是確定的；但是我們對此結論不認同。因為根據我們的估算，純漢人的基因頻率在台灣人群中只有14%，而其他西伯利亞、東北亞、中南半島、南亞、中東、歐洲等地區的外國基因頻率，推估並不低於純漢人。倘若在新版課綱中稱西、荷、日為侵略、占據台灣，那漢人與台灣的關係又為何？

　　因此，根據馬偕實驗室的資料，台灣人其實是許多族群的混居混血結果；純漢人基因頻率在台灣人口中僅占14%，而原住民族的基因在台灣人口中高達56%。如此懸殊比例，實在很難讓台灣人認同自己與中國的血統或法統關係。

哈溫定律

又稱「遺傳平衡定律」。在族群遺傳學中，哈溫定律主要用於描述群體中等位平衡狀態。在理想情況下，經多個世代，其基因頻率會保持穩定平衡。基因頻率以及基因型頻率之間的關係，即為「一個群體在理想情況（不受特定的干擾因素影響，例如非隨機交配、天擇、遷移、突變或群體大小限制），經多個世代，基因頻率及基因型頻率會保持恆定並處於穩定的平衡狀態」。

3.2.4 台灣人是誰？

　　1980 年代初，我們開始做台灣人的血型研究，我們發現台灣的血型和東南亞的國家很相似，[15]台灣跟泰國都有不少的亞孟買血型和米田堡血型，因中國當時還沒基本血型以外的血型資料，所以依據日本的資料，[37]可知亞洲北方罕見這些血型，因此我們很大膽的假設台灣人是南方的亞洲人，屬於東南亞的族群。但我們當時對於我們在中小學時學習到的以及許多周圍的資訊「我們台灣人是純種北方漢人的後代」感到困擾，為此，我們開始台灣人相關的研究。

● 漢化的越族與台灣平埔族通婚

　　1993 年日本紅十字會的 Juji 教授協助我們發展組織抗原（HLA）的研究，讓我們從此走入族群的研究，2001 年我們發表〈從組織抗原的研究看閩南人、客家人，所謂「台灣人」的來源〉，[33]我們很高興的看到閩南人、客家人在亞洲人的血緣關係樹上是屬於東南亞的族群（圖 40），而我們當時也只被告知大部分台灣人是 400 年前先跟著鄭成功，後來再陸續從福建廣東渡海來台的「唐山公」的後代，也就是亞洲大陸南方百越族的後代，所以那篇報告的結論是「台灣人是南亞洲人」，配合民族史的記載「台灣人是越族的後代」（3.2.1）。

　　這篇文章引起很大的震撼，引發中國國務院及中國學者的譴責，後來沈建德教授給了我們平埔族的資訊，隨後我們發展了父母系血緣的研究及測定、增加 401 人西拉雅平埔族的研究，利用我們發表過的台灣族群 HLA 的報告，[3, 17, 33]及台灣各族群父母

系血緣（mtDNA, Y-SNP, Y-STR）研究報告，[1, 21] 我們詳細分析這些資料，再分析 2006 年來到我們實驗室做溯源檢查的 100 個台灣人的血緣構成，2007 年發表〈85% 台灣人帶原住民基因〉（見 3.2.2）。

2010 年，我們出版《我們流著不同的血液》一書，當時我們從 HLA、母系血緣的研究已經發現包含平埔族在內的台灣原住民在台灣人的血緣中扮演重要的角色，所以在書的自序中寫道「台灣人是漢化的越族，到台灣後和平埔族混血的後代」。

● 特殊的母系血緣——TW 血緣

2006 年我們開始做溯源檢查的服務以後，發現台灣沿海地區的居民帶有在台灣及附近地區罕見的血緣，從歷史得知台灣與中國東南沿海的海盜從 16 世紀就有相當密切的關係，不少台灣西部沿海的港口及漁村在過去有海盜（武裝商業集團）的活動，讓我們推測這些罕見血緣的來源可能和海盜的活動有關。

因此 2010-2012 年，我們申請科技部的計畫「尋找台灣人特殊的父母系血緣標誌」，採集了台灣西部及北部海岸地區居住三代以上原居海岸地區台灣人的 DNA，共 400 多人，進行父母系血緣的分析，加上後來從疾病的研究及溯源檢查得到的 2,700 多筆台灣人父母系血緣的結果，一起研究分析，我們意外發現許多尚未登錄在國際血緣基因庫的母系血緣，我們稱為 TW 血緣，而這些 TW 血緣大部分只在台灣出現。

TW 血緣占沿海人口的 30%，計算 TW 血緣到達台灣的年代，許多可追溯到 4-5 千年前（有的甚至達 1 萬多年前）。這些在唐

山公 400 年前到達台灣之前就已居住在台灣的 TW 血緣，照現在的共識，應該是平埔族的血緣。TW 血緣在閩南人、客家人以 20-30% 頻率出現，印證平埔族在清朝大量漢化，而漢化一直明顯的持續到日治時期。[38] 這些血緣可追溯來源到福建廣東、中南半島、東南亞島嶼、日本及韓國，而這些地區都在考古學家 Solheim 建構的古代「Nusantao 南島人」貿易交通網的活動範圍內（3.1.3），顯示平埔族（或台灣人）的形成是屬於古代南島人活動及遷移的一環。因為南島人及 TW 血緣主要的來源是東南亞，所以可以解釋 2001 年我們早期做的亞洲人的血緣關係樹，發現台灣人是屬於東南亞的族群（3.2.1）。

● 多元的血緣來源

從台灣荷蘭時代的地圖看到台灣西部、北部平原布滿羅馬拼音原平埔社的社名（圖 37），說明唐山公來到台灣之前，台灣西部及北部平原本來就居住眾多的平埔族，所以大部分的台灣人應該是荷蘭時代原平埔社的後代，也就是廣義的平埔族（狹義的平埔族是到現在還保留自己原有平埔族文化的硬頸的平埔族）。而平埔族的血緣來源又與南島人活動有關，因為南島人是多來源的，所以我們分析台灣人的血緣是多元的。

在台灣東海岸的花蓮嶺頂遺址發掘出 5 個三千年前的先民，我們訂出母系血緣分別是 C4a2、N9a1、B4c1b2a、Z 和 B4b1 血緣。B4c1b2a 為台灣原住民的血緣，C4a2 和 Z 血緣常見於現代東北亞人群，B4b1 血緣屬於東南亞大陸血緣，N9a1 血緣屬於東北亞及東亞的血緣。綜合古代 DNA 的研究結果，顯示新石器時代晚期

亞洲大陸的血緣出現在台灣東海岸，並與台灣原住民（B4c1b2a血緣）共居，證明早在三千年前就有來自東北亞、亞洲大陸、東南亞大陸以及東南亞島嶼的血緣遷移到台灣。[11] 證明唐山公來到台灣之前已有非高山原住民的血緣居住在台灣。

「唐山公」對台灣人的貢獻在歷史的記載是 1661 年鄭成功打敗荷蘭，鄭成功父子一共帶進台灣 36,000 中國人，1683 年清朝打敗鄭成功，1683-1688 年間，約有 42,000 名鄭成功的軍隊、官兵、家屬全數被遣送回中國，[23, 24] 雖然據說有少數的中國人藏匿在平埔族中而留在台灣。1683-1760 年清朝實施海禁，所以直到 1800 年應該只有少數的唐山公在台灣，1760 年之後到真正有較多唐山公（中國人）渡海來台應是 1820 年後，尤其是 1850 年，為什麼知道是 1850 年呢？因為從我們實驗室王澤毅的研究〈台灣（漢）人與中國南方漢人以及台灣平埔族群的血緣關係〉（參輯二），比較了平埔族、中國南方人與現在台灣人的組織抗原 HLA,A,B,DRB1 單倍型（幾個基因的組合）的基因構成，因混血可造成單倍型的基因重組，而改變單倍型的基因構成（組合），從重組的情形我們推論唐山公主要是 1850 年後來台，可估算大概是六代之內。所以「唐山公」對台灣的貢獻恐怕不如傳統的共識那麼多，而是有限的。

現今的台灣人擁有多元的血緣來源，並非過去以為的「台灣人是北方純種漢人的後代」。透過血緣及考古研究皆可證實。

4 結論

一、在舊石器時代（15,000-8,000 年前）及新石器時代（8,000-6,000 年前），都有來自亞洲大陸南方（中國南方及中南半島）及另一個源自巽他古陸的移民到達台灣，變成台灣原住民的祖先。台灣原住民是南島民族，血緣的研究也證明在 4,000 年前有台灣原住民的父母系血緣擴散遷出台灣，到達東南亞島嶼，後來繼續擴散到太平洋島嶼，為南島民族的擴散。

二、台灣高山原住民母系血緣的研究，顯示台灣及中國兩岸族群經長期（約 10,000 年）的分開及隔離而發展成不同的血緣。高山原住民不同族群之間，具有相似的單倍群，表示族群之間共有父母系血緣的基因庫。

三、台灣原住民父系血緣的研究，證實台灣高山及平埔原住民的父系血緣（O1a2, O3a2c* 父系血緣）已在千年前經浩瀚的印度洋及太平洋擴散到馬達加斯加及玻里尼西亞，這是繼台灣原住民的 B4a1a 母系血緣與玻里尼西亞人有直接母系血緣的關係後的重大發現。

四、台灣島上族群的歷史與我們血緣研究的結果相配合，平埔族在清朝大量漢化變成台灣人，我們發現平埔族與台灣人的血緣相似，大部分台灣人應該是漢化平埔族的後代。

五、母系血緣的研究發現平埔族與台灣人有相似的血緣，都帶有台灣特有的血緣（TW 血緣），TW 血緣應該是原屬於平埔

族的母系血緣。我們的研究結果可解釋台灣古時諺語「有唐山公，無唐山媽」，因無唐山媽，平埔媽的血緣就擴散到台灣人的母系血緣中，但更重要的是印證平埔族在清朝大量漢化變成台灣人，因此今日台灣人與平埔族都帶有 TW 血緣。因著 TW 血緣的發現，我們就有辦法計算平埔族到達台灣的時間，因而發現平埔族至少在 4,500 年前就抵達台灣（見圖31），有些 TW 血緣甚至可能達一萬年之久。

台灣人的主要前身「台灣平埔族」，很可能是在近千年之前從南海、中南半島、中國東南沿海、東亞及東北亞等地經水路在不同時期從不同的地方到達台灣，在台灣就地形成聚落。沈建德等根據荷蘭時期的記錄（熱蘭遮城日記等）填製成 1624-1925 年的台灣地圖，可看到荷蘭時期上百個用羅馬拼音記載當時的平埔社名分布在台灣的西部及北部平原，顯示在荷蘭時期唐山公還沒到達之前，台灣西部北部平原原本就有眾多平埔社（族）。

我們檢測 400 多名居住在台灣西部或北部沿海地區的居民（他們都是三代以上住在同一個地方）父母系血緣的來源，我們發現這些人的血緣和南海、中國東南沿海及東亞的居民有關，有部分也和日本、韓國等東北亞人群有關，這和 Solheim「南島人」經海路貿易及交通的網絡（Nusantao Maritime Trading and Communication Network）的晚期中心葉海上貿易網及北葉海上貿易網的分布地區相似。而我們知道這些人就是原居住在台灣西部及北部平原在荷蘭時代就存在的平埔社居民的後代，他們的祖先應該就是屬於古代南島人活動的一部分。

一般的共識是 400 年前唐山公登陸台灣之前，居住在台灣的居民歸類爲平埔族，那今日大部分的台灣人應該就是荷蘭時代眾多平埔社居民的後代「平埔族」。因爲平埔社的來源是多元的南島人，因此我們看到多元血緣的台灣人。

七　2001 年我們實驗室以閩南人、客家人組織抗原（HLA）的 HLA-A,B,C 基因頻率和國際上不同族群的資料比較，發現閩南人、客家人是屬於亞洲南方的族群，並不是北方人，是南亞洲人。在中國歷史上許多民族接受漢文化而漢化，後來這些人民也常常宣稱自己是漢族，這是因爲在過去漢文化是強勢文化，所以當了漢人可得到利益及社會地位。

客家人的情形也是相似，在南宋（1127-1279 年）或更早的時期，有少數的中原家族南遷到東南沿海的山區，這些人以強勢的漢文化在文化及語言上影響周遭的原住民——特別是住在廣東的越族，所以少數中原移民加上眾多的越族而成客家族群。

八　2001 年後我們發展了母系血緣及父系血緣的研究方法，在 2007 年整理了 100 個來我們實驗室做尋根檢查台灣人的父系血緣、母系血緣及組織抗原的資料，結果是這 100 人裡面有 67 人的父母血緣中至少有一血緣爲台灣原住民或東南亞島嶼族群的血緣（與平埔族有關）。剩下 33 人的父母系血緣全來自福建、廣東或亞洲大陸，但這 33 人的組織抗原，其中的 18 人帶來自台灣原住民的組織抗原的單倍型。因此，可計算約 85% 的台灣人帶有台灣原住民或東南亞島嶼族群的血緣，而不是北方的漢人。

其實在 2000 年我們發表台灣原住民 HLA 的基因研究，當時

我們只以 HLA Class I（HLA-A,B,C）單倍型血緣的分布比較台灣原住民與台灣人之間的關係，發現 13% 有相同的 HLA Class I（HLA-A,B,C）單倍型。[17] 但是前述 2007 年「85% 的台灣人帶有台灣原住民或東南亞島嶼族群的血緣」是我們加入父母血緣的結果，而 2007 年 HLA 的資料是用不同的 HLA Class II（HLA-A,B,DRB1）單倍型的資料，再以加入 401 位西拉雅平埔族人的資料重新比較，發現台灣人與台灣原住民之間特別是與平埔族有相當多的共同單倍型，這時 33 人中 18 人（18/33=55%）帶台灣原住民的 HLA-A,B,DRB1 單倍型，所以是 55%。在此希望澄清 85% 的爭議。

九 2015 年我們分析當時 102 位台灣民眾在我們實驗室做溯源檢查得到的結果，結果純漢人基因頻率在台灣人口中僅占 14%，而原住民族的基因在台灣人口中高達 56%（HLA-A,B,DRB1 單倍型）。如此懸殊比例，實在很難讓台灣人認同自己與中國的血統或法統關係。

十 台灣自冰河時期位於人類遷徙的途徑上，舊石器時代的後期，今日原住民的祖先從東南亞大陸及巽他古陸經陸路到達台灣；新石器時代陸續從東南亞島嶼、中南半島、東亞大陸及東北亞經海路移民過來，200 年前（一般認為 400 年前）唐山公移民的前後尚有日本人、荷蘭人及西班牙人來過台灣，構成今日多元族群的台灣。

【參與研究者】

尚特鳩（Jean Trejaut）、陸中衡、余榮熾、鮑博瑞（Richard Broaderry）、李建良、何俊霖、顏汝珍、王澤毅、陳宗賢、黃錦源、賴穎慧、李宛蓉、陳蘭蓉

【感謝】

國家衛生研究院計劃及國科會計劃

台灣基督長老教會、醫院及署立台南醫院陳曜明醫師協助採集DNA檢體

【參考資料】

1. Trejaut JA, Kivisild T, Loo JH, Lee CL, He CL, Hsu CJ, Li ZY, Lin M. Traces of archaic mitochondrial lineages persist in Austronesian-speaking Formosan populations. PLoS Biology 2005; 3: e247.

2. Soares P, Rito T, Trejaut J, Mormina M, Hill C, Tinkler-Hundal E, Braid M, Clarke DJ, Loo JH, Thomson N, Denham T, Donohue M, Macaulay V, Lin M, Oppenheimer S, Richards MB, 2011. Ancient Voyaging and Polynesian Origins. Am J Hum Genet 2011; 88: 239-247.

3. Chu CC, Lin M, Nakajima F, Lee HL, Chang SL, Tokunaga K, Juji T. Diversity of HLA among Taiwan's indigenous tribe and the Ivatans in the Philipines. Tissue Antigens 2001;58:9-18.

4. Oppenheimer S. Eden in the East: The Drowned Continent of Southeast Asia. London: England: Phoenix, 1998.

5. Lahr MM, Foley RA. Multiple dispersals and modern human origins. Evol. Anthropol 1994; 3: 48-60.

6. Forster P, Matsumura S. Evolution. Did early humans go north or south? Science 2005; 308: 965-966.

7. Oppenheimer S. Out of Eden: The peopling of the world. London: Robinson, 2003.

8. SNP study supports southern migration route to Asia. Science 2009; 326: 1470.

9. Soares P, Trejaut JA, Loo JH, Hill C, Mormina M, Lee CL, Chen YM, Hudjashov G, Forster P, Macaulay V, Bulbeck D, Oppenheimer S, Lin M, Richards MB. Climate change and post-glacial human dispersals in Southeast Asia. Molecular Biology and Evolution 2008; 25: 1209-1218.

10. Bellwood P. The Austranesian dispersal and the origin of

languages. Sci Am 1991; 265: 88-93.

11. Blust R. Subgrouping, circularity and extinction: some issues in Austronesian comparative linguistics. Symp. Ser. Inst. Linguist. Acad. Sinica 1999; 1: 31-94.

12. Brandao A, Eng KK, Rito T, Cavadas B, Bulbeck D, Grandini F, Pala M, Mormina M, Hudson B, White J, Ko TM, Saidin M, Zafarina Z, Oppenheimer S, Richards MB, Pereira L, Soares P. Quantifying the legacy of the Chinese neolithic on the maternal genetic heritage of Taiwan and Island Southeast Asia. Hum Genet 2016; 135: 363-376.

13. Huang JY, Trejaut JA, Lee CL, Wang TY, Loo JH, Chen LR, Hu CH, Liu KH, Liu YC, Lin M. (2018) Mitochondrial DNA Sequencing of Middle Neolithic Human Remains of Ling-Ding Site II: Implication for the Social Structure and the Origin of Northeast Coast Taiwaneses. J Phylogenetics Evol Biol 6: 200. doi:10.4172/2329-9002.1000200nnnnn

14. Lin M, Chu C C, Broadberry RE, Yu L C, Loo J H, Trejaut JA. "Genetic diversity of Taiwan's indigenous peoples, possible relationship with insular Southeast Asia." in Sagart L, Blench R, Sanchez-Mazas A eds. The Peopling of East Asia. London and New York: RoutledgeCruzon, 2005.

15. Lin M, Broadberry RE. Immunohematology in Taiwan. Transfus Med Rev 1998; 12: 56-72.

16. Hsu K, Chi N, Gucek M, Eyk JEV, Cole RN, Lin M, Foster DB. Miltenberger blood group antigen Type III (Mi.III) enhances the expression of band 3. Blood 2009; 114: 1919-1928.

17. Lin M, Chu CC, Lee HL, Chang SL, Ohashi J, Tokunaga K, Akaza T, Juji T. Heteregeneity of Taiwan's indigenous population: possible relation to prehistoric Mongolid dispersals. Tissue Antigens 2000:55:1-9.

18. 林媽利：《我們流著不同的血液》，台北：前衛出版社，2010 年。

19. Loo JH, Trejaut JA, Yen JC, Chen ZS, Lee CL, Lin M, 2011. Genetic affinities between the Yami tribe people of Orchid Island and the Philippine Islanders of the Batanes archipelago. BMC Genetics 2011; 12: 21.

20. Tabbada KA, Trejaut J, Loo JH, Chen YM, Lin M, Mirazon-Lahr M, Kivisild T, and Ungria MC De. Philippine mitochondrial DNA diversity: a populated viaduct between Taiwan and Indonesia? Molecular biology and evolution 2010;27:21-31.

21. Trejaut JA, Poloni ES, Yen JC, Lai YH, Loo JH, Lee CL, He CL and Lin M. Taiwan Y-chromosomal DNA variation and its relationship with Island Southeast Asia. BMC Genetics 2014,15:77.

22. Zeng Z, Rowold D, Garcia-Bertrand R, Calderon d S, Regueiro M, Li L , Zhong M, Herrera R. Taiwanese aborigines: genetic heterogeneity and paternal contribution to Oceania. Gene 2014; 542: 240-247.

23. 沈建德：《台灣血統》，台北：前衛出版社，2009 年。

24. 王先謙：《東華錄選輯》第二冊（清朝順治、康熙、雍正之三朝記錄），台中：台灣省文獻委員會，1969 年，280-281 頁。

25. Lin M. Retracing the Han among the Taiwanese. In: Lee ST & Williams JF ed. Taiwan's Struggle. Lanham: Rowman & Littlefield, 2014.

26. Loo JH, Treajaut JA, Chen ZS, Lin M. The non-Aboriginal heritage of the Taiwanese. (abstract). Presented at the Human Evolution: Fossils, Ancient and Modern Genomes Meeting, Cambridge, UK, November 2017.

27. 翁佳音：〈釋《東番記》中的近代初期番漢關係〉，《原住民族文獻》19 期，原住民委員會，2015 年，44-50 頁。

28. 史明：《台灣人四百年史》（漢文版），美國：蓬島文化公司，1980 年。

29. 松浦章：《東亞海域與台灣的海盜》，新北市：博揚文化，2008年。

30. Wihelm G. Solheim II. Archaeology and Culture In Southeast Asia: Unraveling the Nusantao, The University of the Philippines Press, 2006.

31. Hung HC, Nguyen KD, Bellwood P, Carson MT. Costal connectivity: long-term trading networks across the South China Sea. Journal of Island & Costal Archeology, 8:384-404, 2013

32. 劉益昌：《台灣全志》住民志－考古篇，南投：台灣文獻館，2011年。

33. Lin M. Chu CC, Chang SL, Lee HL, Loo JH, Akaza T, Juji T, Ohashi J, Tokunaga K. The origin of Minnan and Hakka, the so-called "Taiwanese", inferred by HLA study. Tissue Antigens 2001; 57: 192-199.

34. Cavalli-Sforza L, Menozzi P, Piazza A. The history and geography of human genes. Princeton University Press, Princeton, New Jersey, 1993.

35. Li H, Cai X, Winograd-Cort ER, Wen B, Cheng X, Qin Z, Liu W, Liu Y, Pan S, Qian J, Tan CC, Jin L. Mitochondria DNA diversity and population differentiation in Southern East Asia. Am J Phys Anthropol 2007; 34: 481-488.

36. 林惠祥：《中國民族史》台一版，王雲五、傅緯平主編：中國文化史叢書，台北：台灣商務印書館，1965 年。

37. 大久保康人：《血液型と輸血檢查》，日本東京：医歯薬出版株式會社，1991 年。

38. 埔農：《台灣人被洗腦後的迷或與解惑》，台北：前衛出版社，2015年。

新近分子人類學
的研究

台灣沿海人群的血緣

■ 陸中衡

● 研究緣起

　　馬偕林媽利醫師的研究室 2005 年發表了台灣高山原住民母系血緣的來源，就希望對台灣的平埔族群的血緣有清楚的研究，但是卻一直都遲遲無法完成。2006 年實驗室獲得當時的國科會一個跨領域的研究計畫的經費補助，林醫師很大膽要我們幫忙一般台灣人尋找他們的血緣來源（我們是以父系血緣：Y染色體；母系血緣：粒線體 DNA；及組織抗原 HLA 的檢測做為分析依據，這項檢查後來成為馬偕醫院的一個檢驗項目），這是我們做一般台灣人的血緣研究的開始。

　　由於一開始大家都沒有經驗，只看得懂台灣高山原住民的血緣，因此發出的報告非常簡略，只能說我們有沒有看過這個血緣，在台灣族群中的分布比例是怎麼樣的。隨著時間的過去，我們收集了愈來愈多的台灣平埔族、一般台灣人、台灣沿海人群、

東南亞島嶼人群（菲律賓、印尼）、東南亞大陸人群（越南、泰國、泰北少數民族、馬來西亞、緬甸）、中國福建的人群，再加上從國外學者發表的研究檢體結果，我們終於對台灣島上居民的血緣狀況有了較清楚的了解，所發出去的血緣報告終於言之有物，可以分辨血緣的來源了。

而剛開始時，林媽利醫師除了邀請一些社會賢達（如彭明敏教授、游錫堃院長，他們都表示自己很可能有平埔族的血緣）及她的家人來擔任我們第一批的檢測對象。據林醫師的描述，林醫師的老家在現今高雄市的湖內區（近台南市的沿海區域）圍仔內，她記憶中她小時看到她的阿嬤在夏天時上身常僅穿著一件簡單的肚兜。我們檢測林醫師的表妹（承接林醫師阿嬤的母系血緣）的母系血緣，發現是粒線體 DNA B6a1 血緣；我們那時候只看過 B4、B5 血緣，B6 血緣是從哪裡來的？林醫師阿嬤的起源又是哪裡？這在我們的心裡畫上一個大大的問號。後來，我們又在其他來自台灣沿海區域的民眾檢體中看到一些不常見的血緣，因此而有「一些怪怪的血緣都集中在台灣沿海的人群中」的印象。因此我們便於 2012 年向科技部申請一個「尋找台灣人特殊的父母系血緣標誌」研究計畫，專門研究台灣沿海地區人群的父母系血緣標誌。

• 亮島人的 E 血緣

2014 年我們應中研院史語所的邀請在「2014 從馬祖列島到亞洲東南沿海：史前文化與體質遺留研究國際學術研討會」發表「台灣人的 Y 染色體變異，特別著重海岸台灣人的研究」。為什麼會

有這個會議的發生？是因為 2011 年中研院史語所的陳仲玉研究員在馬祖的亮島發掘兩副人類遺骸（亮島一號及亮島二號），年代各為距今約 8,190 及 7,550 年，陳研究員將部分的考古遺骸送往德國的 Max Planck 人類演化研究所並做出兩副考古遺骸的古代 DNA（粒線體 DNA），於 2014 年在 Am J Hum Genet 上發表。根據原論文的結果，其中那副較古的遺骸（亮島一號，距今約 8,190 年）粒線體 DNA 單倍群為 pre-E1a 血緣，論文作者認為這可能代表早期的南島語族（Austronesian）可能由東亞的山東半島附近出發（小米穀馴化的中心）、經由閩江的出海口（亮島的位置）、到達台灣、再到東南亞島嶼，完成「由台灣出走 Out of Taiwan」的旅程。作者認為 E 血緣是在馬祖地區由 M9 血緣（主要來源自東亞地區）發展出來，然後再散布到其他東南亞海島地區。我們則認為，粒線體 DNA E 血緣已經證明為起源於東南亞海島區域的血緣，且證實其起源的時間可能距今超過三萬年前，因此亮島人的 E 血緣也有可能來自東南亞島嶼人群，而其來源可能是藉南中國海貿易人群的船舶往來，將原本相隔遙遠的人群，帶來與我們相鄰的區域。這是我們第一次考慮到南島人（Nusantao）理論可能對台灣人群組成所造成的影響。

● 南島人理論

Nusantao 理論為美國考古學家 Dr. Wilhelm Solheim 所提出，指的是在新石器時代（距今約 7,000 年前），亞太地區（Asia-Pacific region）所發展出經海路貿易及交通的網絡（Nusantao Maritime Trading and Communication Network; NMTCN）。Dr. Solheim 認為

在亞太地區的文化散播是多方向呈現的，比較像是經由海路貿易網絡來傳播，而不像是經由人群連串的遷徙（單一方向）來傳播。而在這個網絡中活動的人就稱為 Nusantao （南島人）。Dr. Solheim 並將整個南中國海、東中國海、太平洋、印度洋區域依時間與空間的領域畫分為四葉（lobes），分別為中央葉：起源自比距今 7,000 年前還早，包含台灣、東亞南方（由福建至越南）；北葉：起源距今 7,000 年前，包含台灣、福建、韓國沿海、及日本東部；西葉：起源距今 4,500 年前，包含越南南部、柬埔寨、馬來西亞、西印尼、斯里蘭卡、印度、馬達加斯加、西非；東葉：起源距今 4,000 年前，包含摩鹿加群島、民答那峨、經太平洋到復活節島，描述網絡擴散的範圍。其中台灣包含在 Nusantao 理論中的中央葉、北葉，但是也可能經由中央葉與西葉、東葉的交會，而使得台灣的人群也受到西葉、東葉所含括的人群的影響。（參輯一圖 36）

新石器時代的台灣母系血緣

在 2016 年，英國的 Martin Richards 實驗室曾發表論文討論東亞地區新石器時代人群對台灣、東南亞島嶼地區人群母系血緣的影響。他們提到三個可能影響台灣及東南亞島嶼人群散播的理論，分別為 1 最後一次冰河時期結束（距今 15,000-8,000 年前），海水上升，東南亞地區沿海的巽他古陸遭淹沒，形成許多新的島嶼。由於地形、地貌的改變，顯著的影響了人群的遷徙；2「由台灣出走」理論，描述在新石器時代早期，東亞地區人群因農業的發展、擴散，遷徙到台灣，然後在新石器時代中晚期（距今約

4,500-4,000 年前）人群再由台灣出走遷徙到東南亞海島地區；及 3 Nusantao NMTCN 理論（如上段說明）。Richards 研究團隊並整理出可能與最後一次冰河時期結束、及由台灣出走理論相關的母系血緣：粒線體 DNA E、B4a1a、M7c1c3、B4b1a2、Y2a1、F1a4、M7b1a2、D5b1c1a 等單倍群血緣。我們檢查這些血緣在台灣各族群母系血緣中所占的比例，發現這些血緣只有在台灣高山原住民、中南部平埔族（巴宰族、西拉雅族）中占的比例較高（26%-45%），在一般台灣人、沿海人群、或閩南、客家人中都沒有超過 10%，形成一個極明顯的對比。我們接著比較台灣沿海人群在母系血緣上究竟與哪一種亞洲人群較接近？我們發現台灣沿海人群（包括台灣所屬海島人群）與東南亞大陸人群（福建人、越南人、泰國人、泰北族群、馬來西亞人、緬甸人）較接近，離台灣高山原住民、東南亞海島人群的遺傳距離較遠。

● 特殊的 TW 血緣

在馬偕實驗室的粒線體 DNA 血緣資料庫中，有一些粒線體 DNA 血緣是尚未被國際粒線體 DNA 資料庫（Phylotree）所收納整理的，這代表這些血緣可能來自更偏遠的人群（尚未被描述的主血緣），或者來自較常見粒線體 DNA 單倍群但後來在某地（如台灣）發展出某地特有的單倍型。由於這些粒線體 DNA 單倍型在馬偕實驗室的粒線體 DNA 血緣資料庫出現過兩次以上（相同或相關的血緣），我們便將該批血緣特別標註出來稱作 TW 血緣。由於馬偕的血緣資料庫並不僅只含括台灣人的檢體，還包括東南亞島嶼、東南亞大陸等其他鄰近人群的檢體，因此 TW 血緣

不只出現在台灣人群中；我們便可藉著 TW 血緣的分布，看到這些新興的粒線體 DNA 血緣在亞洲各地的散播狀況。如 MX 血緣之起源地可能是東南亞大陸，在馬偕的資料庫中這個 MX 根源血緣出現在印尼人群中；由這個 MX 根源血緣產生一個分支血緣（MXTW1）出現在東南亞大陸人群中；然後 MXTW1 血緣又再產生一個分支血緣（MXTW1_1），而這個分支血緣是出現在台灣北部沿海的人群中。由這個例子就可以看出，MX 血緣是怎樣循著南中國海沿岸，由印尼，往東南亞大陸，再抵達台灣的旅程。所以 Nusantao 的理論的確是發生在組成台灣人口的過去歷史中。

馬偕所收集的 TW 血緣，台灣人有 1,239 個血緣，其中 737 個血緣不與任何已知的血緣相關（約占台灣 TW 血緣的 59.5%），代表這些血緣可能來自其他未被採樣到的境外族群血緣，及在台灣島內獨立發展的母系血緣。這些在台灣島內獨立發展之台灣人特有的母系血緣，我們就可以利用血緣上鹼基的變異數目及分子時鐘（單位 DNA 長度內發生一個鹼基變異所需要的時間）的概念來計算一組相關的血緣在某地（如台灣）之發展時間。我們發現台灣島上早至約 12,000 年前即有人居住於此，並分別形成台灣原住民及台灣非原住民兩組人群。很有趣的是，台灣原住民與台灣非原住民的母系血緣彼此相混的比例非常少，可以說各有各所組成的粒線體 DNA 單倍亞群。我們用粒線體 DNA 的全長定序資料分別出不同的血緣各在台灣存留的時間，大略來分可將來台的時間分為早（12,000-6,000 ybp：距今多少年前）、中（6,000-2,000 ybp）、晚（2,000-1,000 ybp）期。其中早期的血緣多已發展成台灣人特有的母系血緣單倍群，然不清楚當初血緣的來源；中期則很多血緣

受到東北亞（日本）、北亞（西伯利亞）血緣的影響，也受到東南亞大陸少數民族、台灣原住民的影響，並且與台灣平埔族血緣的建立有關；晚期血緣的來源則更多元，可能多是來自東亞的人群。

因此台灣人口的建立也約可依前述的分別法區分為 1 台灣特殊母系血緣單倍群的建立（台灣原住民、台灣平埔族、台灣漢人所特有的母系血緣），可能形成時間在 6,000 年以前；2 台灣特殊母系血緣單倍型的建立（因受到台灣附近沿海人群的影響，在台灣發展出特殊的血緣標誌，並散布在台灣各個平埔族人群中；即為前所述 TW 血緣），可能形成時間在 6,000-2,000 年之間；及 3 因時間太短，尚不及在台灣形成可區分特殊標誌的母系血緣，來源自晚近台灣附近沿海人群的移入，發生時間為距今 2,000 年以內。根據我們的調查，TW 血緣約占台灣一般人群的 20%-30%（西拉雅族中占的比例較少 <10%，可能是因為含台灣人特有的母系血緣單倍群〔如 E 血緣〕之血緣個數較多所致），而台灣沿海人群特有的 TW 血緣則占所有沿海人群 TW 血緣之一半以上，遠高於平埔族、島嶼人群中所特有的 TW 血緣，可能代表台灣人口之遷入口主要為沿海地區，人口再由沿海地區遷往台灣其他區域、人群。

● 討論與結論

根據母系血緣單倍群的調查，台灣漢人（閩南人、客家人）所特有的母系血緣單倍群也顯示其在台灣的存留時間超過 6,000 年，並不如一般觀念認為台灣漢人是在近 400 年才遷入台灣。因此這樣說起來，台灣漢人與台灣平埔族的區別便顯得十分薄弱。

因為如一般以為台灣平埔族是在台灣漢人在 400 年前來台以前即居住在台灣平地的居民，而實際上現代平埔族的定義為在清朝時期未曾經過漢化的「熟番」，因此等於說現在我們看到的平埔族，其實只是真正平埔族的一小部分，其餘的平埔族皆已經過漢化成為台灣漢人，融入一般台灣人的大群體裡面了。

台灣海岸地區的 TW 血緣有非常高比例的海岸地區特有的 TW 血緣，即是代表海岸地區就是原本平埔族人聚居的大本營；事實上台灣的海岸地區原即分布許多平埔族的「社」，可以說間接證明了台灣海岸區域人民與平埔族之間的關連。

藉由我們粒線體 DNA 全長定序及 TW 血緣的篩選，我們可以清楚分別不同 TW 血緣群在台灣停留的時間，其與源起族群的關連，及它在台灣族群間之分布，進而了解它在組成台灣人口之意義。既然我們定義台灣平埔族為在漢人在 400 年前來台前即居住在台灣平地的居民，則在我們的檢體中，許多自稱為漢人的台灣人，其實應為廣義的平埔族人。而他們的來源則是來自東亞、東北亞、北亞、東南亞（大陸及島嶼），經由東中國海、南中國海沿岸的海路交流，主要經台灣沿海區域上岸，在台灣繁衍後代。至於台灣人口形成的晚期（距今約 2,000 年前），該時期相對於中國的歷史為由漢朝以降，是否因為漢朝為中國第一個大一統的世襲朝代，而對台灣開始有計畫的輸入人民，則是需要繼續研究的重點。

三千年前新石器時代台灣東海岸台灣人的來源與社會結構

黃錦源、尚特鳩、李建良、王澤毅、陸中衡、陳宗賢、陳蘭蓉、劉克竑、劉益昌、胡正恆、林媽利

Huang JY, Trejaut JA, Lee CL, Wang TY, Loo JH, Chen ZS, Chen LR, Liu KH, Liu YC, Hu CH and Lin M.

Mitochondrial DNA Sequencing of Middle Neolithic Human Remains of Ling-Ding Site II: Implication for the Social Structure and the Origin of Northeast Coast Taiwaneses. J Phylogenetics Evol Biol 2018, 6:2
DOI: 10.4172/2329-9002.1000200

　　1990 年代慈濟大學人類學系學生在一次田野調查中，在花蓮嶺頂海邊的沙灘地，無意中發現一些人類碎骨，由胡正恆老師等人發掘出十幾具的人骨，其中只有一具墓葬有石板棺，其餘散落在沙灘中。（如圖 1）

　　為了瞭解過去台灣島上人群的來源及遷移，馬偕醫院在 2007 年特別成立一個古代 DNA 實驗室（這個實驗室為正壓、防塵、必須隔離在醫院之外），將考古發掘出的人骨或牙齒在這實驗室萃取 DNA、定序，跟現在馬偕醫院分子人類學實驗室的今日台灣各族

群及台灣鄰近地區居民的資料庫中 DNA 序列做比對。希望能夠了解台灣過去人類的遷移歷史。

為了解答這個問題，我們研究團隊先以碳 14 定年，定出嶺頂遺骸絕對的年代時間，定出年代為 3,000 年前，屬新石器時代晚期的人類遺骸。我們把萃取出的 DNA，先放大粒線體 DNA 序列（母系血緣的粒線體 DNA 在人類細胞中數量最多，在千年以後比較容易被找到），了解古代先民與台灣當前的原住民和非原住民之間的血緣關係。

我們成功的定出 5 個先民母系血緣的型別（單倍群 haplogroup），分別是 C4a2、N9a1、B4c1b2a、Z 和 B4b1 血緣（如表 1），這 5 個血緣皆常見於現今台灣人，除了 B4c1b2a 血緣常見於台灣中部高山原住民中（如圖 2 的綠橘色塊），其他 C4a2、

圖 1：花蓮嶺頂遺址墓葬分布圖

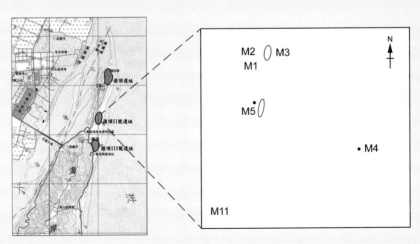

N9a1、Z 和 B4b1 血緣屬於東亞大陸血緣（如圖 2 的藍黃色塊）。其中代表台灣原住民的 B4c1b2a 血緣在台灣的分布狀況，很有趣的是，北部與中部原住民的頻率是高於南部原住民與非原住民，也見於少數的非原住民的台灣人。C4a2 和 Z 血緣（分別是 LD-M1 和 LD-M5）常見於現代東北亞人群，表示新石器時代晚期在台灣東海岸有東北亞的血緣。相反的，B4b1 血緣屬於東南亞大陸血緣，N9a1 血緣屬於東北亞及東亞的血緣。

　　綜觀嶺頂遺址古代先民的研究結果，顯示新石器時代晚期亞洲大陸的血緣出現在由台灣東海岸的花蓮，並與台灣原住民（B4c1b2a 血緣）共居。這發現讓我們證明早在三千年前就有來自東北亞、亞洲大陸、東南亞大陸以及東南亞島嶼的血緣已遷移到台灣。

表一：嶺頂遺址 II 先民粒線體 DNA 的變異點以及可能單倍群

粒線體 DNA 變異點所在位置

先民遺骸編號	6026	8264	8301	8772	8760	9824	10398	10400	12672	16136	16189	16223	16257	16260	16261	16274	16290	16298	16311	16318	16319	16327	16355	16357	16490	16570	16589	粒線體 DNA 單倍群
CRS	G	A	A	T	A	T	A	C	A	T	T	C	C	C	G	C	T	T	A	G	C	A	C	T	G	C	T	
LD-M1	A	-	-	-	-	G	T	G		T					C	G		T					C		T	C		C4a2
LD-M2	-	-	T	T		T		T				A														-	-	N9a1
LD-M4	-	G	-	C	G									A						G						-	-	B4c1b2a
LD-M5	-	G	G		T	-	G	T	-			T			T				C							-	-	Z
LD-M11	-	-	-							C	C		-															B4b1

CRS：參考序列　空格：變異點與參考序列相同　（-）：並無測試此一變異點

此外，C4a 血緣是石板棺的墓葬遺骸，有別於其他墓葬，顯示
很可能當時就存在社會階級。這墓葬區沒有找到在我們預期中應
有更多原住民的遺骸，這可能是因為原住民的埋葬並沒有一個集
中區域，原住民傳統上是將先人埋葬在住家附近或地底下。

圖 2：嶺頂遺址先民粒線體 DNA 單倍群的親緣關係樹

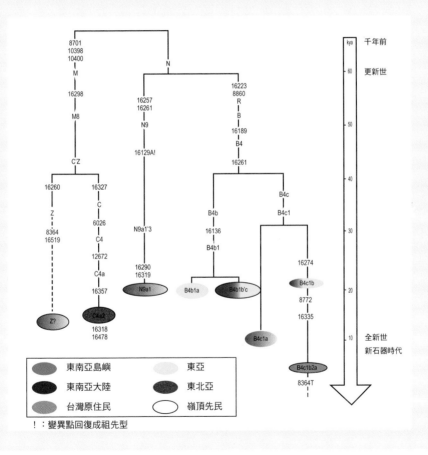

馬偕醫院的古代 DNA 研究

■ 黃錦源、李建良

　　古代 DNA 研究是利用考古遺址發掘的遺骸，萃取 DNA，來探索古代先民的遷移。

　　台灣就地理位置來看，屬於東南亞島嶼，地處菲律賓群島與琉球群島之間，東亞島鏈一環；西隔著台灣海峽與中國相鄰。在冰河期期間，台灣數次與亞洲大陸相連。當兩地陸連時，大陸古代先民與生物即能遷徙至台灣。事實上，台灣在舊石器時代晚期（50,000 年前－10,000 年前）的考古遺址挖掘得知，已經開始有人類居住。而八仙洞遺址為主的長濱文化，以現有的證據而言，是台灣最早的史前文化。

　　我們如果想瞭解台灣人祖先的來源，除了利用生物統計方式，模擬計算先民遷移以外，若能直接透過古代先民 DNA 的分析，便了解當時先民血緣的如何進行擴散。

　　林媽利醫師 2005 至 2008 年期間參加國科會人文處的跨領域研究計畫「南島民族的分類與擴散：人類學、考古學、遺傳學、語

言學的整合研究」之遺傳學子計畫「從粒線體 DNA、Y 染色體及古代 DNA 的研究看台灣族群的過去與現在」。當時在馬偕醫院建立了一間專為研究古代遺骸的 DNA 實驗室（如圖）、派遣研究人員李建良至澳洲阿德雷德大學學習古代遺骸萃取 DNA 的操

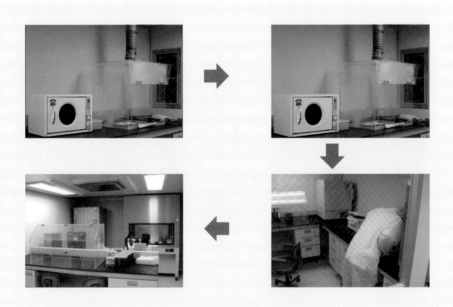

古代 DNA 實驗中要避免汙染——汙染是指研究進行中的古代 DNA 接觸到現今的 DNA。為了避免汙染，除了操作者要仔細小心外，獨立空間與設備亦可降低汙染的發生。馬偕醫院古代 DNA 實驗室便是參考國外古代 DNA 實驗室的設計，實驗室空間配置必須有四個隔離的房間但這些房間有門相通，空調必須是正壓、牆板必須防塵的設置；操作人員必須全時穿戴實驗衣帽、腳套、口罩等，盡可能避免發生操作者身上 DNA 的汙染。另外實驗進行中，在每個實驗步驟須要有一個對照組，確保實驗結果的正確性。

作技術及分析方法，並成功於距今約4,500年前的牙齒檢體中分離出古代DNA及定出粒線體DNA之型別（單倍群，如表1）。有趣的是在古代遺骸DNA中發現在距今4,500年前即有屬於東南亞大陸的血緣在現今的台南科學園區（代表在距今4,500年前即有來自東南亞大陸的人群居住在台灣島上），並異於以往的共識——即距今400年前僅有台灣原住民居住於台灣。

之後我們取得台灣數位具代表性的考古學者的同意提供他們在所挖掘出之考古遺骸供馬偕古代DNA實驗室。臧振華老師提供南關里東遺址檢體，檢測出M7c單倍群、劉益昌老師（西寮遺址檢測出A、清水中社遺址F2、M、R9單倍群）、陳有貝老師（石橋遺址）、胡正恆老師（嶺頂遺址C4a、N9a1、B4c1b2a、B4b1、Z單倍群）、朱正宜老師（牛綢子文化之A單倍群、南科國小M33單倍群）、簡炯仁老師（燕巢檢體F2a單倍群）、林秀嫚老師等，以上考古年代涵蓋新石器時代早期、中期、晚期，甚至到金屬器時代；同一個遺址都可以檢測出原住民與東亞大陸之血緣的混居，如表1的首例在南部科學園區發掘出台灣原住民的M7c單倍群先民與東北亞的D4單倍群先民混居。

表 1：馬偕醫院古代 DNA 研究的初步分析結果

遺址地點	距今時間	粒線體 DNA 型別	可能母系 血緣來源	檢體 來源
南部科學園區（台南）	4200-4800	M7c D4	SEA, ISEA, Taiwan Aborigine NEA	臧振華
嶺頂（花蓮）	2950-3160	C4a B4c1b2a N9a1(extinct) Z B4b	NEA(including Sibera) SEA, ISEA, Taiwan Aborigine EA, NEA EA SEA, ISEA	胡正恆
南部科學園區（台南）	4000	A	EA	朱正宜
西寮（台南）	1500	A	EA	劉益昌
清水（台中）	1000	F2 M R9	SEA EA SEA	劉益昌
南部科學園區（台南）	500	M33	SEA	朱正宜
燕巢（高雄）	>400	F2	SEA	簡炯仁

台灣（漢）人與中國南方漢人以及台灣平埔族群的血緣關係

■ 王澤毅

　　一般台灣漢人除 1945 年後來台的之外，大都是二戰以前即長居於此，主要使用閩南話、客家語為主，約占台灣人口的四分之三以上。許多歷史研究相信，自中國東南沿海地區渡海來台移墾的漢人，於 17 世紀起與台灣平埔族群聚居通婚，逐漸繁衍成為二戰以前的台灣漢人族群，此台灣漢人族群自然帶有來自中國南方漢人與台灣本地平埔族群的血緣。然而，這兩種血緣的混成比例約為多少？混成的年代又在何時？

　　由於人類遺傳基因的變異大多歷時千年以上，而台灣漢人族群的形成僅在數百年之間，我們雖能根據變異的組成來推估比例，但實無法推算年代。是以我們改採基因座（locus）之間的重組與連鎖不平衡的訊息，來探討近代台灣漢人族群血緣的混成與時間。目前最容易取得的資料為人類白血球抗原（human leukocyte antigen；簡稱 HLA）相關的基因座頻率與單倍型，在免疫多型性資料庫（Immune Polymorphism Database；簡稱 IPD）中有世界上

各主要族群的 HLA 相關資料。

我們從 IPD 網站下載中國南方漢人、台灣漢人與平埔族群 HLA 的原始資料，經過處理分析後，得到這三個族群在 HLA-A、HLA-B 與 HLA-C 裡各個基因座的頻率分布（見下頁圖 1 至 3）。首先這三個族群中，中國南方漢人有最高的多樣性，台灣漢人次之，平埔族則受限於人口數最少，最缺乏多樣性；其次頻率函數大致遵守冪律分布，前幾個頻率較高的等位基因已涵蓋了大部分的比例；再其次，我們分別於 HLA-A、HLA-B 與 HLA-C 裡，計算中國南方漢人與台灣平埔族群的最適混成比例，使其模擬混成族群的基因座頻率分布與實際台灣漢人的差異最小，其結果分別為 0.43:0.57、0.47:0.53 與 0.45:0.55，三者的變化不大，代表中國南方漢人約占 43-47%，台灣平埔族群約占 53-57%。

就整個族群而言，台灣漢人逐漸繁衍形成的過程當中，來自平埔族的血緣稍多過一半，而來自中國南方漢人血緣稍低於一半，然而這不能簡化為個別情況。個別台灣漢人之間會有極大的差異，若其先祖較早來台且家族先輩頻與平埔族群通婚，則來自平埔族群的血緣會有更高的比例；若其先祖較晚來台且家族先輩多與較晚來台的漢人族群通婚，則來自平埔族群的血緣會有更低的比例。此約當 0.45:0.55 的混成比例，僅能說明在 HLA-A、HLA-B 與 HLA-C 中，若假設台灣漢人族群血緣只來自中國南方漢人與台灣平埔族群，則台灣漢人族群的基因庫裡，約有 45% 來自中國南方漢人，55% 來自台灣平埔族群。

實際上，我們相信在兩個族群之外，台灣漢人應該還有來自其他地區族群的血緣。這在單倍群的分析裡可以發現，四種在台灣漢人族群中統計上具有顯著性的主要單倍型

A*02:03-B*38:02、A*02:07:01-B*46:01:01、A*24:02-B*40:02、A*33:03-B*58:01:01:01，其在台灣漢人族群裡的頻率與連鎖不平衡程度，皆高於其在中國南方漢人與台灣平埔族群的頻率與連鎖不平衡程度。這顯示出兩種可能性，一為台灣漢人族群裡可能存有不同於中國南方漢人與台灣平埔族群的非隨機婚配模式，導致連鎖不平衡降解的程度低於其餘兩者；另一種可能為台灣漢人族群有來自其他族群的血緣，尤其是這四種單倍型頻率較高的族群。根據中研院 Biobank 研究團隊的結果，[1]台灣漢人族群中有迥異於中國南、北方漢人的血緣，其與 A*33:03-B*58:01:01:01 有關，這佐證了台灣漢人族群中，有來自其他地區其他族群血緣的可能性。

圖 1：HLA-A 基因座頻率分布（SH：中國南漢；TH：台漢；PA：平埔）

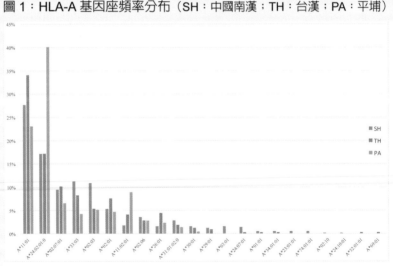

圖2：HLA-B 基因座頻率分布（SH：中國南漢；TH：台漢；PA：平埔）

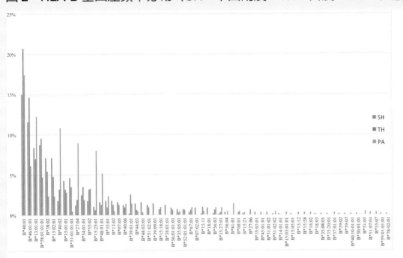

圖3： HLA-C 基因座頻率分布（SH：中國南漢；TH：台漢；PA：平埔）

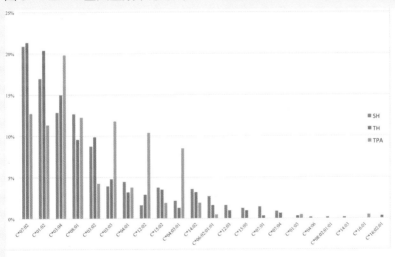

最後，我們發展了非隨機婚配連鎖不平衡的數學模型，並以此分析單倍群連鎖不平衡的降解程度，我們推算了來自中國南方的血緣，至多在距今幾代內才仍然能使這些單倍型仍能保有現在台灣漢人族群所具有的連鎖不平衡程度。平均而言，大部分來自中國南方的血緣約在6-7代左右，其95%的信賴區間僅達13代。若以一代約25-30年換算，大部來中國南方血緣約在150-210年前來台（應自西元2000年左右往前推算，因HLA的資料產生於當時），而95%的信賴區間最遠約至325-390年前。

【註】
1. Chen CH, Yang JH, Chiang CWK, Hsiung CN, Wu PE, Chang LC, Chu HW, Chang J, Song IW, Yang SL, Chen YT, Liu FT, Shen CY. "Population structure of Han Chinese in the modern Taiwanese population based on 10,000 participants in the Taiwan Biobank project." Hum. Mol. Genet., 2016, 25（24）, p.5321-5331.

表一、四種台灣漢人族群中統計上顯著的主要單倍型

HLA-A-HLA-B 單倍型	頻率	連鎖不平衡程度
A*02:03-B*38:02	3.87%	0.698
A*02:07:01-B*46:01:01	8.74%	0.834
A*24:02-B*40:02	2.65%	0.797
A*33:03-B*58:01:01:01	7.53%	0.900

表二、四種主要單倍型在中國南方漢人族群的頻率與連鎖不平衡程度

HLA-A-HLA-B 單倍型	頻率	連鎖不平衡程度
A*02:03-B*38:02	3.53%	0.241
A*02:07:01-B*46:01:01	8.03%	0.829
A*24:02-B*40:02	1.10%	-0.021 [註一]
A*33:03-B*58:01:01:01	7.04%	0.760

註一：統計上不具有顯著性

表三、四種主要單倍型在台灣平埔族群的頻率與連鎖不平衡程度

HLA-A-HLA-B 單倍型	頻率	連鎖不平衡程度
A*02:03-B*38:02	1.30%	0.528 [註二]
A*02:07:01-B*46:01:01	2.92%	0.439
A*24:02-B*40:02	0.46%	-0.340 [註一]
A*33:03-B*58:01:01:01	3.13%	0.724

註一：統計上不具有顯著性
註二：原始統計值具有顯著性，但經多重檢定校正後不具有顯著性

父系血緣、母系血緣及組織抗原三系統的基因多型性看台灣邵族的沒落與重生

■ 尚特鳩、林媽利

Jean A Trejaut and Marie Lin.

Recovering from near extinction. Genetic diversity of the Thao/Ngan tribe of Taiwan (邵族 Shào zú) using Y-hromosome, mitochondrial DNA and HLA gene systems. Twelfth International Conference on Hunting and Gathering Societies. School of Social Sciences, Universiti Sains Malaysia, Penang. 23-27 July, 2018.

　　諸多學者利用民間傳說、語言學、體質人類學和民族研究等方法，想要探討台灣日月潭邵族原住民族的血緣來源，但是力有未逮。其實邵族的起源與台灣西部平埔族及數個不同的高山原住民族群有關，並且在過去的 400 年中，他們的文化和遺傳特徵因為漢人的入侵而被強烈地重塑。上個世紀，日本人為了修建水壩數度逼迫他們流離遷徙，使他們幾乎面臨滅絕和被同化的命運。馬偕紀念醫院林媽利醫師實驗室利用父系血緣（Y 染色體）、母系血緣（粒線體 DNA）以及組織抗原（HLA）三遺傳系統比對台灣邵族 30 位族人的血緣多型性，試著利用遺傳學探討邵族和台灣主

要族群間的關係，追溯邵族的血緣來源。

　　作者將30位邵族族人的遺傳資訊和其他900個台灣高山和平埔原住民以及400個非原住民的台灣人和中國漢人相互比較。由邵族族人的父母系血緣、組織抗原分析顯示，邵族和布農族有較相近的女性親族關係，與其他南島語系民族的共同祖先則可追溯到全新世早期／新石器時代中期（約3,000至10,000年前）。而邵族與漢人之間的關係，用母系血緣比用父系血緣更可看出邵族與漢人共享更多血緣，顯示女性在族群間的移動更加廣泛而頻繁，證實了邵族強烈保留著他們原本父系社會隨夫而居的習俗，及邵族族群不畏壓力、奮力復興他們的語言與文化的決心。

　　馬偕紀念醫院林媽利醫師實驗室利用邵族與台灣族群間Y染色體、粒線體DNA以及HLA基因系統的組成差異，清楚定義了邵族和布農族有較相近的母系血緣，且證實了邵族的母系血緣與各族群間通婚狀況較父系血緣更加廣泛而頻繁，顯示利用遺傳學方法探討台灣族群間基因的差異，有助於追溯台灣族群的起源。

體質人類學

體質人類學（physical anthropology），又稱生物人類學（biological anthropology），是人類學的一門分支學科，從生物演化角度，研究人類體質差異與種族概念、靈長目與人類的演化關連、人類物種的起源與擴散過程。因此，體質人類學包括許多學科，包括人類遺傳學、靈長目學、分子人類學、古生物學、古人類學等等。

雅美族人與巴丹島人

Loo JH, Trejaut JA, Yen JC, Chen ZS, Lee CL, Lin M.

Genetic affinities between the Yami tribe people of Orchid Island and the Philippine Islanders of the Batanes archipelago. BMC Genetics 12:21, 2011.

　　很多人都很好奇，雅美族人與巴丹島人之間有何關係。在雅美族人的傳說中，雅美族人是來自巴丹島的；而且雅美族人與巴丹島人所用的語言非常相似，卻與台灣島上的台灣原住民不一樣，雖然在語言學上，這些語言都是屬於南島語的分支。

　　2011 年，我們的研究團隊利用父系血緣（Y 染色體）及母系血緣（粒線體 DNA），來研究雅美族人、巴丹島人，彼此之間及與鄰近族群的遺傳關係。結果非常令人驚訝，我們發現，雅美族人與巴丹島人在父母系血緣上並沒有那麼強的相關性；反而，雅美族人與台灣高山原住民的血緣比較相近。他們同時也發現，雅美族人中的某些父母系血緣來自菲律賓人，證明南島語族之遷徙，並不僅只於從北方往南方遷徙，也有從南方往北方遷徙的例子。

圖：蘭嶼與巴丹島的地理位置

台灣

蘭嶼
（雅美族）

巴士海峽

呂宋

菲
律
賓

巴丹群島
（巴丹島人）

巴丹島

而且某些雅美族人與巴丹島人的父母系血緣，可能是來自東南亞大陸，經由台灣到達蘭嶼及巴丹島。該發現，正與台裔澳洲考古學家洪曉純團隊所發現不謀而合：台灣花蓮出產之閃玉製成的耳墜，卻在中南半島、蘭嶼、巴丹島的各處考古遺址中發掘出來，證明在 2,500 年前，在南中國海周圍就有貿易圈存在。

至於雅美族人與巴丹島人分別在蘭嶼及巴丹島存留的時間；考古學家們在蘭嶼及巴丹島上所找到的陶器等器物，證明人類可能最早在 4,000 年前就在該二島上停留；可是根據我們的遺傳學研究結果顯示，以他們所用的現存雅美人、巴丹島人族群 DNA 結果估計，最早的存留時間大概只有到 3,000 年前，所以很可能在 4,000 年前，雖然有人到達蘭嶼及巴丹島，但是一直到 3,000 年前，才真正在該二島嶼上形成比較大的聚落，並且存留至今。

而且很有趣的是，我們注意到，雅美人的父母系血緣都顯現出強烈的「奠基者效應」（founder effect）現象（親代群體中只有少數個體後來發展形成子代群體，子代群體雖然後來人數增加，但因為並未與其他群體通婚，使得個體間遺傳差異減少），族群的遺傳變異性不如其他族群高，可能代表該族群與其他族群的通婚狀況並不普遍。

然而就如前面所提，在遺傳上，雅美族人其實是與台灣高山原住民較為接近的，但是在語言學上，雅美族人卻是使用離台灣高山原住民所使用的「台灣南島語」較遠的「馬來亞——玻里尼西亞南島語」，到底發生了什麼事？我們認為，這可能跟在 2,500 年前所發展的南中國海貿易圈有關。正如前段所述，雅美族人與其他族群的通婚狀況不普遍，可能代表大部分的雅美族人原是來自台灣高山原住民的，但是後來因為某些原因卻不再與台灣本島

的居民來往，反而因爲要與來自南中國海周圍地區的貿易商往來交易，因而使用新的語言。由此可見文化對族群的影響之深，甚至可以改變族群對自我來源的想像。

從父系血緣看台灣泰雅族及太魯閣族與東南亞鄰近地區族群間的關係：太魯閣族是否爲泰雅族的後代？

賴穎慧、陳蘭蓉、陸中衡、尚特鳩、林媽利

Lai YH, Chen LR, Loo JH, Trejaut JA, Lin M.

Paternal Genetic Differentiation Between the Atayal and Truku Tribes of Taiwan. Did Truku really come from Atayal? Twelfth International Conference on Hunting and Gathering Societies. School of Social Sciences, Universiti Sains Malaysia, Penang. 23-27 July, 2018.

　　根據考古學的研究指出，台灣早在 1 萬 5 千年以前就有人群居住活動。隨著各項建設的開發，許多的文化遺跡陸續被發現，如在台灣各地發現的大坌坑文化被認爲是台灣新石器時代最早期的文化，且與目前世界上分布最廣的南島民族的祖先有關。根據語言學家的研究指出，台灣極可能是南島民族產生的源頭，而台灣高山原住民使用的語言大部分被認爲屬於南島語系的分支語系。位於台灣新北烏來的泰雅族部落是目前南島語系在世界上分布最北端的聚落。

　　日治時期台灣的原住民被官方劃分爲九族，這樣的劃分與認定一直到西元 2000 年前後開始有了變化，許多族群紛紛找回自己的

族語與文化並要求正名與獨立。目前政府認定的台灣原住民有16族，分別是泰雅族、賽夏族、太魯閣族、賽德克族、布農族、邵族、鄒族、卡那卡那富族、拉阿魯哇族、撒奇萊雅族、阿美族、噶瑪蘭族、卑南族、魯凱族、排灣族、雅美族。根據語言及文化的差異，人類學家將泰雅族分為泰雅亞族及賽德克族，而太魯閣族為賽德克族三個語言分群中的一群。這些亞族及分群自日治時期以來都被一併劃分為泰雅族，但隨著民族自治意識升高，在西元 2004 年時，北部的太魯閣族群自泰雅族獨立出來，正名成為台灣高山原住民的第12族，太魯閣族。

在本篇文章，我們以馬偕資料庫裡東南亞族群的父系血緣資料（Y-SNP 及 Y-STR）來分析太魯閣族與泰雅族在基因上的關係。資料庫中的族群資料含括台灣高山原住民、平埔族、閩南客家人群以及西部沿海世居三代以上的居民，以及鄰近地區的人群（附表）。藉由生物統計軟體（BAPS）將馬偕資料庫中近 2,000 筆父系族群資料，依其父系單倍型（Y-STR）的差異區分成十大個群體（Cluster），各族群的分群結果如下：

Cluster 1：泰雅族、太魯閣族。Cluster 2：賽夏族。Cluster 3：邵族。Cluster 4：布農族。Cluster 5：鄒族。Cluster 6：排灣族、魯凱族、達悟族。Cluster 7：拍瀑拉族、西部沿海人群、閩南人、客家人、中國福建人、緬甸仰光人。Cluster 8：阿卡族。Cluster 9：泰國人、越南人、馬來西亞人、印度尼西亞人、沖繩人。Cluster 10：卑南族、阿美族、凱達格蘭族、巴宰族、西拉雅族、菲律賓人。

從基因分群結果來看，台灣北部各族的高山原住民的基因型別都相當獨特，除了泰雅族與太魯閣族的基因型別相當接近被歸屬

於同一分支群之外，同一族均自成一個分群而沒有與其他族群混合。台灣南部高山原住民在各族群間，有基因型混合的情形，且族群中有部分個體與台灣平埔族及菲律賓人群有較高程度的基因混合，被一併歸屬於同一分群。而考古學家曾在台灣東部與菲律賓挖掘出相似的陶器玉器及壁畫文化，指出數千年前台灣與菲律賓即有貿易往來的痕跡。從考古證據與我們的基因分析結果一併看來，數千年前在台灣生活的人群已經發展出自己的生活圈，並與東南亞島嶼的人群有許多往來及交流。

最後，台灣西部沿海居民與閩客族群的父系基因型顯示出高程度的混血情形，其父系基因組成高多樣性且所有基因型別無特定性的散布於西部平原。其中，在閩客族群當中發現有些許個體與台灣高山原住民族或平埔族的基因型具有高相似度，可能其父系祖先與原住民有關連，若能配合其個人的家譜追溯，相信會有更多台灣人的遷徙故事被發現。

以 BAPS 進一步分析各族群的基因組成關係（admixture analysis），泰雅族與太魯閣族的基因組成非常相似，但太魯閣族的基因多樣性（genetic diversity）相較於泰雅族的基因多樣性較為單純。藉由父系基因型（Y-STR）做分子時鐘[1]進行年代估算，發現太魯閣族與泰雅族可能在早期南島語族的祖先抵達台灣不久後，分開生活並各自發展出自己的文化及語言。由基因演化樹分析（network v5.0）來看，泰雅族與太魯閣族族群的祖先一同來台後，是從當中的兩個群體各自分居成為不同族群，而不是一個大群體分支出去的子分支。惟因目前基因資料訊息有限，僅能推估泰雅族與太魯閣族的祖先約於 5 千多年前遷徙來台定居於北台灣山區，無法再更進一步分析百年內的各族群遷徙情形。

附表：泰雅族與太魯閣族的常見父系單倍群在族群間的分布情形（Y-SNPs）

族群分布(個數)[1]		Y 染色體單倍群（Y-SNPs）					單倍群變異
		O1a*-M119	O1a1*-P203	O1a2-M50	O3a2c2-F706	其他不屬於 At 及 Tk 的單倍群[2]	
台灣	高山原住民						
	泰雅族(52)	7.6	90.6	1.9			0.17 ± 0.05
	太魯閣族(20)		95.0		5.0		0.10 ± 0.06
	賽夏族(24)		87.0	4.4		8.7	0.24 ± 0.08
	邵族(16)	6.3	87.5	6.3			0.23 ± 0.10
	布農族(56)			60.7		39.3	0.49 ± 0.02
	鄒族(41)	4.9	90.2	4.9			0.18 ± 0.06
	排灣族(25)	24.0	40.0	28.0		8.0	0.70 ± 0.03
	魯凱族(29)	6.9	69.0	24.1			0.46 ± 0.06
	卑南族(23)	13.0	47.8	21.7	13.0	4.3	0.69 ± 0.05
	阿美族(39)		41.0	18.0	35.9	5.1	0.67 ± 0.02
	達悟族(30)	33.3	50.0			16.7	0.63 ± 0.04
	平埔族						
	凱達格蘭族(30)		30.0	6.7		63.3	0.81 ± 0.02
	巴宰族(40)		52.5	12.5		35.0	0.69 ± 0.05
	西拉雅族 I(122)	4.9	38.5	16.4	2.5	37.7	0.81 ± 0.02
	西拉雅族 II(140)	0.7	17.9	3.6	1.4	76.4	0.88 ± 0.01
	拍瀑拉族(18)	11.1	5.6			83.3	0.88 ± 0.02
	非原住民台灣人						
	西部沿海人群(320)	0.3	14.7		1.3	83.8	0.88 ± 0.01
	閩客族群(94)	1.1	14.2		1.1	83.2	0.90 ± 0.01
東亞鄰近地區	中國						
	福建人(55)		21.8		1.8	76.4	0.87 ± 0.01
	中南半島						
	緬甸人(12)					100.0	0.75 ± 0.06
	阿卡族(27)					100.0	0.62 ± 0.06
	泰國人(75)	2.7	2.7			94.7	0.87 ± 0.02
	越南人(24)	4.2				65.8	0.88 ± 0.02
	馬來西亞人(8)			25.0	12.5	62.5	0.81 ± 0.03
	東南亞島嶼						
	印度尼西亞(246)	4.9	16.3	5.3	6.9	66.7	0.86 ± 0.01
	巴丹島人(24)	41.7	4.2	16.7	8.3	29.2	0.73 ± 0.04
	菲律賓人(122)	12.3	15.6	10.7	17.2	44.3	0.89 ± 0.01
日本	日本						
	沖繩人(8)					100.0	0.75 ± 0.05

1 個數：資料庫中各族群父系個體數
2 At：泰雅族；Tk：太魯閣族

【註】
1. 分子時鐘在此係指藉由 Y 染色體在 Y-STR 區域的基因序列差異，及其在不同世代間發生突變的速率來推算年代，本篇文章使用 Y-STR 每個基因位點的平均突變率為 6.9x10-4/ 世代。（Zhivotovsky et. al, 2004）

賽夏族與台灣原住民傳說故事中的矮人們

陳蘭蓉、尚特鳩、賴穎慧、陸中衡、陳宗賢、黃錦源、林媽利

Chen LR, Trejaut JA, Lai YH, Loo JH, Chen ZS, Huang JY and Lin M.

Mitochondrial DNA Polymorphisms of the Saisiyat Aboriginal Group of Taiwan. Search for a Negrito Signature. Twelfth International Conference on Hunting and Gathering Societies. School of Social Sciences, Universiti Sains Malaysia, Penang. 23-27 July, 2018.

　　賽夏族爲台灣高山原住民族群之一，其族群與語言屬於南島族群、南島語系。在 2018 年 4 月，賽夏族人數約 6,607 人，[1] 生活在中央山脈西側，主要分布於新竹縣五峰鄉與苗栗縣南庄鄉兩地，由於地形上經橫屏背山及鵝公髻山分隔，賽夏族被分爲南北兩群：北賽夏與南賽夏。過去賽夏族在日治時期曾被歸類於道卡斯族，[2] 居住地緊鄰著泰雅族並且關係緊密，時至今日也與客家族群、閩南族群頻繁接觸，故賽夏族在基因上是複雜的，甚至可能矮人也是當今賽夏族的祖先之一。矮人在許多台灣原住民的傳說故事中被提及，[3] 不過僅僅只有賽夏族擁有與矮人相關的祭祀文化，兩年一次小祭、十年一次大祭的矮靈祭加強了矮人在台灣存

在的可能性，十分可惜的是至今未有直接的考古證據能證實矮人的存在，有鑑於此我們希望透過研究賽夏族的粒線體DNA，藉由統計方法來找出可能屬於矮人的特徵。

　　從台灣原住民的傳說故事中，矮人的外表特徵與菲律賓的矮黑人（Negrito）是十分相似的，包括擁有矮小的身材、深色的膚色與蜷曲的頭髮，可惜的是在基因方面缺乏證據證明不同的矮黑人族群有共同的祖先。在2014年Delfin的論文，[4]菲律賓矮黑人

圖：賽夏族與其他族群共有的粒線體 DNA 單倍群頻率百分比堆疊直條圖

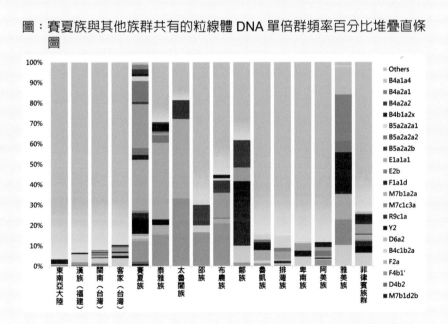

Others 包含未見於賽夏族（Saisiyat）的單倍群，紫色系、綠色系、藍色系與紅色系直條屬於南島語系族群共有的單倍群，灰色系直條可能來自於漢族（Fujian，福建）、台灣閩南族群（Minnan）與客家族群（Hakka），我們所關注的 D6a2 僅見於賽夏族、泰雅族（Atayal）與菲律賓族群（Philippines）。

所擁有的粒線體 DNA 單倍群資料經我們篩選過後，D6a 是最可能和賽夏族有關連的單倍群，根據我們實驗室所擁有的粒線體 DNA 資料，以賽夏族擁有的粒線體 DNA 單倍群為主來看（參附圖），擁有 D6a 相關的 D6a2 單倍群僅見於賽夏族（1.1%）、泰雅族（4.6%）與菲律賓族群（0.3%），或許 D6a2 單倍群會是矮人的存在所留下的基因證據，D6a2 單倍群在泰雅族比賽夏族來得高，這可能是因為過去兩族之間互動密切，經遺傳漂變（gene drift，族群中等位基因頻率在每一個世代之間的隨機變化）影響造成的。

若我們使用 TreeMix[5] 來研究圖中所包含的族群，以粒線體 DNA 的單倍群頻率來製作出擁有共同祖先的各族群之間演化關係的最大可能性估計樹狀圖（maximum likelihood tree），並藉由遷移事件（Migration events），以了解各族群間在過往中的基因流動（gene flow，變異基因從一個族群到另一族群的轉移）情形。從其中，我們篩選掉與賽夏族及菲律賓族群不直接相關的遷移事件，發現自菲律賓族群至賽夏族間有一較為顯著的遷移事件，雖然這個基因流動是否包括了粒線體 DNA 的 D6a2 單倍群還無法證實，但顯然賽夏族與菲律賓族群之間在粒線體 DNA 上是有關連的。

即便從粒線體 DNA 單倍群頻率百分比圖、各族群的最大可能性估計樹狀圖，得知菲律賓族群與賽夏族曾有互動，但仍是缺乏確定性證據，倘若有朝一日能發現矮人們的遺骸並加以研究其基因，相信會讓矮人的存在不僅僅是傳說故事。

【註】
1. Council of Indigenous Peoples. Aboriginal population statistics 2018 April.（2018）. Available at: https://www.apc.gov.tw/portal/docDetail.html?CID=940F9579765AC6A0&DID=2D9680BFECBE80B609A13BC98FDB8B9C.
2. 賴盈秀：《誰是「賽夏族」？──賽夏族族群識別與認同界線之研究》（2003），Available at: https://ndltd.ncl.edu.tw/cgi-bin/gs32/gsweb.cgi/login?o=dnclcdr&s=id=%22091TCU05010002%22.&searchmode=basic.（Accessed: 21st June 2018）
3. 劉育玲：《台灣原住民族矮人傳說研究》（2015）。Available at: https://ndltd.ncl.edu.tw/cgi-bin/gs32/gsweb.cgi?o=dnclcdr&s=id=%22103NDHU5046010%22.&searchmode=basic.（Accessed: 20th March 2018）
4. Delfin, F. et al. Complete mtDNA genomes of Filipino ethnolinguistic groups: a melting pot of recent and ancient lineages in the Asia-Pacific region. Eur. J. Hum. Genet. 22, 228-237（2014）.
5. Pickrell, J. K. & Pritchard, J. K. Inference of Population Splits and Mixtures from Genome-Wide Allele Frequency Data. PLOS Genetics 8, e1002967（2012）.

融合科學與人文的奇妙女性

林媽利醫師
回憶錄

林媽利——口述

劉湘吟——著

《風中的波斯菊》增訂新版

融合科學與人文的奇妙女性——林媽利醫師最新傳記

2011 台灣首位國際輸血學會獎（ISBT Award）
台灣醫學會杜聰明博士紀念獎

2017 第三屆北美洲台灣人教授協會「廖述宗教授紀念獎」
第二十七屆立法院厚生基金會「醫療奉獻獎」

林媽利，台灣醫學史上不可忽略的重要角色，她是台灣血液醫學的開拓者，
台灣的血液政策、血型研究、捐血系統，她都占有一席之地。

從有價供血，到健全的捐血體制，她的研究成果，拯救了台灣各地的病人，影響深遠；
她鑽研台灣人血液，試圖以科學證據解開台灣各族群的血緣、基因之謎，
即使身陷政治鬥爭，她仍勇敢堅持，不做任何無謂的辯解。
在人生的試煉中，她終究綻放精彩，貢獻己學、造福眾人。

我們流著不同的血液

台灣各族群身世之謎

林媽利教授・台灣族群研究總結之作

台灣人是誰？
以血型、基因的科學證據，揭開台灣各族群身世之謎

DNA不會說謊，它清楚明白地告訴我們：
1.近85%的「台灣人」帶有原住民的血緣。
2.「唐山公」其實是中國東南沿海的越族。
3.平埔族沒有消失，只是溶入「台灣人」之中。
4.高山原住民非同源，阿美族為夏威夷人的母系祖先。

林媽利教授投入台灣族群的研究，避開繁複的圖表與數據，以簡潔精要的文字，親自向國人說明血型、DNA研究如何揭開台灣各族群的身世之謎。

國家認同不是建立在血緣的基礎上，但也絕非建立在虛構的政治神話上，林媽利教授擔當起科學家的社會責任，以嚴謹的科學態度，在本書中勇敢地戳破廣為接受的主流謬論，並清楚詳述畢生研究之總得，期能做為國人自我認同與尋根溯源的根本素材。

國家圖書館出版品預行編目(CIP)資料

圖解台灣血緣：從基因研究解答台灣族群起源 / 林媽利著.
-- 初版. -- 臺北市：前衛，2018.12

152面；15×21公分. -- (新國民文庫；113)

ISBN 978-957-801-861-7(平裝)

1.族群 2.基因 3.種族遺傳 4.臺灣

546.5933　　　　　　　　　　　　107017643

圖解台灣血緣

從基因研究解答台灣族群起源

作　　者　林媽利
責任編輯　林雅雯
美術編輯　Nico
封面設計　兒日設計

出 版 者　前衛出版社
　　　　　地　　址│10468 台北市中山區農安街 153 號 4 樓之 3
　　　　　電　　話│02-25865708│傳　　真│02-25863758
　　　　　郵撥帳號│05625551
　　　　　業務信箱│a4791@ms15.hinet.net
　　　　　投稿信箱│avanguardbook@gmail.com
　　　　　官方網站│http://www.avanguard.com.tw
出版總監　林文欽
法律顧問　南國春秋法律事務所

經 銷 商　紅螞蟻圖書有限公司
　　　　　地　　址│11494 台北市內湖區舊宗路二段 121 巷 19 號
　　　　　電　　話│02-27953656│傳　　真│02-27954100

出版日期　2018 年 12 月初版一刷
　　　　　2021 年 2 月二版二刷
定　　價　新台幣 350 元